Lars Kreft

Mit dem Igel in den Herbst

Fächerübergreifende Werkstatt für die 1. und 2. Jahrgangsstufe

Mit Kopiervorlagen

Auer Verlag GmbH

Gedruckt auf umweltbewusst gefertigtem, chlorfrei gebleichtem
und alterungsbeständigem Papier.

1. Auflage. 2004

Illustrationen: Manfred Tophoven, Straelen
Satz: Fotosatz H. Buck, Kumhausen
Druck und Bindung: Ludwig Auer GmbH, Donauwörth
ISBN 3-403-0**4045**-3

Inhaltsverzeichnis

Vorwort

Die für ca. 20 Wochenstunden geplante Werkstatt besteht aus fächerübergreifenden Lernangeboten, die aus den Interessenschwerpunkten und Fragestellungen der Kinder entwickelt wurden und den drei Teilbereichen Kennzeichen, Nahrung und Lebensraum zugeordnet werden können.

Durch die Auseinandersetzung mit dem Thema Igel wird ein positives, von Wertschätzung und Verantwortung geprägtes Verständnis gegenüber dem Leben und ökologischen Zusammenhängen entwickelt. Die Lernangebote ermöglichen es in vielfältigen Handlungsformen (schneiden, falten, kleben, zeichnen, schreiben, experimentieren, messen, modellieren, malen) selbst gewählte Teilaspekte zum Thema Igel zu vertiefen, zu erarbeiten und zu entdecken.

Im Vorfeld der Igelwerkstatt sollte eine einführende Orientierungsstunde und Fragesammlung durchgeführt werden, um die Interessenschwerpunkte und das Vorwissen der Lerngruppe abzuklären. Besonders motivierend in Hinblick auf eine Fragesammlung zum Thema ist ein lebender Igel. Über den Verein Pro Igel e.V. ist es möglich zu erfahren, wo sich in Ihrer Nähe eine Igelstation befindet. Dort können Sie einen Ansprechpartner in Ihrer Nähe erfahren, der sich dann möglicherweise auch bereit erklärt mit einigen Igeln die Schule zu besuchen. Auch als Abschluss der Unterrichtsreihe wäre ein solcher Expertenbesuch denkbar, um offen gebliebene Fragen zu klären.

Ich möchte mich an dieser Stelle bei all denjenigen bedanken, die mich bei der Arbeit an der Werkstatt unterstützt haben. Sei es der fachmännische Rat meiner Fachleiterin Frau Claudia Pidun-Martin in fachdidaktischen Fragen, die Unterstützung durch meine Ausbildungslehrerin Frau Ellen Broloer, die Ludgerischule in Coesfeld, die mir als Ausbildungsschule ermöglichte meine Konzeption von Werkstattunterricht in die Praxis umsetzen zu können, oder Frau Monika Borgmann vom Verein Pro Igel e.V., die mir als Expertin in fachlichen Fragen zur Verfügung stand und die Kinder mit den mitgebrachten Igeln motivierte und das Thema „begreifbar" machte.

Eine Werkstatt lebt davon ständig überarbeitet, verbessert oder erweitert zu werden. Wenn Ihnen Fehler, Unstimmigkeiten auffallen oder wenn Sie Verbesserungsvorschläge machen können, wäre ich Ihnen für eine Rückmeldung dankbar.

Informationen für die Lehrerin und den Lehrer

Thema der Unterrichtseinheit:
Eine Lernwerkstatt mit fächerübergreifenden, differenzierten Angeboten zum Thema Igel – handlungsorientierte Erarbeitung der Teilbereiche Kennzeichen, Nahrung und Lebensraum des Igels.

Schwerpunktziel:
Die Schüler sollen in vielfältigen Handlungsformen selbst gewählte Teilaspekte zum Thema Igel entdecken, erarbeiten und vertiefen.

Sie sollen:

- Begriffe, die die Körperteile des Igels bezeichnen, sachgerecht nennen und richtig zuordnen können;
- die Gestalt des Igels verinnerlichen und erfahren, dass ein Igelbaby ca. 100 Stacheln hat;
- einem kurzen Lesetext die charakteristischen Merkmale eines Igeljungen entnehmen;
- anhand eines Versuches entdecken, dass sich die Stacheln des Igelbabys während der Geburt eng an den Körper anlegen, sodass die Mutter nicht verletzt wird;
- eine Methode zur Altersbestimmung von Igeljungen kennen lernen und mit Hilfe einer Tabelle einem Stoffigel das entsprechende „richtige" Alter zuordnen;
- Sachrechenaufgaben mit naturkundlichem Hintergrund selbstständig lösen;
- ihre Kenntnisse zu den Sinnesorganen und Sinnesleistungen der Igel vertiefen;
- in einem Versuch den Einrollmechanismus des Igels begreifen;
- im Versuch den Aufbau der Igelstacheln erfahren;
- einem Lesetext Informationen zu dem jahreszeitlich bestimmten Lebensrhythmus des Igels entnehmen;
- ihr Wissen zur Nahrung und zu den Feinden des Igels vertiefen;
- Rechenaufgaben lösen, sodass sich ein Lösungssatz über den Winterschlaf der Igel ergibt;
- sich in die Lage eines Igels versetzen und einen kurzen Aufsatz über den Traum eines Igels sowie eine Igelgeschichte schreiben;
- verschiedene Verstecke des Igels kennen lernen;
- sich der Gefährdung des Igels durch bestimmte Verhaltensweisen des Menschen bewusst werden;
- verschiedene einheimische Tierarten ihrem Lebensraum zuordnen und deren Fußabdrücke als Bestimmungsmerkmal kennen lernen.

Medien/Materialien:
Laufzettel, Igelwörterbuch, Auftragskarten, Arbeitsblätter, Versuchsanleitungen, Lösungsblätter, Hundertertafel, Zahnstocher, Modelliermasse, mit Sand gefüllter und mit Streichhölzern gespickter Luftballon, mit Gewichten gefüllte Stoffigel, Waage, Igelkleid, Strohhalme, Nägel, Dosen, Elektroquiz mit verschiedenen Auflagen, Zuckerkreide, schwarzes Tonpapier, Tierfiguren, Differenzierungs-Wortkarten, Scheren, Kleber, Stifte, Sanduhr

Spezielle Lernvoraussetzungen, Sachinformationen und thematische Begründung

Spezielle Lernvoraussetzungen	Struktur der Sache	Begründung der Thematik und Zielsetzung
Verhaltensauffällige Kinder bekommen jeweils eine konkrete Aufgabe mit Zeitrahmen zugewiesen. Offene Unterrichtsformen müssen vor der Durchführung der Werkstatt nicht unbedingt bekannt sein. Von Vorteil: Schüler sind mit Gruppenarbeit vertraut. Positives Sozialverhalten der Kinder erleichtert das Stationenlernen. Viele Kinder können wahrscheinlich bereits von Begegnungen mit Igeln berichten.	Besonders im Herbst sind die unter Naturschutz stehenden Igel häufig anzutreffen, da sie sich für den bevorstehenden Winterschlaf ein Fettpolster anfressen müssen. Der Igel ist entwicklungsgeschichtlich älter als der Mensch und zählt zur Gruppe der Insektenfresser. Seine nahen Verwandten sind die Spitzmaus und der Maulwurf. Der nachtaktive Igel ist eines der häufigsten Opfer des Straßenverkehrs, da er auf drohende Gefahren mit seinem Einrollmechanismus reagiert. Bei seiner Geburt hat der Igel ca. 100 Stacheln, ein erwachsener Igel besitzt ca. 8000, in ihrer Struktur hohle Stacheln. Der Jahreszyklus des Igels hängt von den klimatischen Verhältnissen in seiner Umgebung ab. So lassen sich Winterschlaf und Geburt der Jungen selbst innerhalb Deutschlands unterschiedlich datieren.	Das Thema Igel hat einen direkten Bezug zur Lebenswirklichkeit vieler Kinder. **Didaktische Reduktion:** Vermeidung fachwissenschaftlicher Termini. Beschränkung auf die drei Bereiche Kennzeichen, Nahrung und Lebensraum des Igels. Bezüglich des Umgangs mit Gewichten: erste Erfahrung und Anbahnung von Größenvorstellungen im Gramm-Bereich. **Lehrplanbezug:** Kinder sollen Tiere und Pflanzen benennen, beschreiben und in ihrem Lebensraum beobachten. Kinder sollen der belebten Natur gegenüber Verantwortung entwickeln.

Daraus ergeben sich folgende methodische Entscheidungen und Begründungen:

- Die Angebote der Lernstraße sind so gestaltet, dass die Bereiche Lebensraum, Nahrung sowie körperliche Merkmale des Igels berücksichtigt werden;
- qualitative und quantitative Differenzierung durch:
  - Angebote, die sowohl die unterschiedlichen Eingangskanäle als auch die verschiedenen Darstellungsebenen berücksichtigen;
  - im Schwierigkeitsgrad variierende Angebote;
  - Hilfen zu den Angeboten;
  - mögliche Hilfestellung durch Experten oder Partner im Team;
  - Selbstkontrolle;
  - Berücksichtigung des individuellen Lerntempos;
- Pflichtaufgaben werden durch Wahlaufgaben ergänzt;
- Um den Lernentwicklungsstand der Schüler beurteilen und Fehler früh erkennen zu können, kann ein Ablagefach eingerichtet werden, in dem die Schüler ihre fertigen Arbeitsergebnisse ablegen.

Allgemeines zu Aufbau und Organisation der Werkstatt

Die einzelnen Teilbereiche der Werkstatt (Kennzeichen, Nahrung, Lebensraum) sind unterteilt in Pflicht- und Wahlaufgaben, die jeweils fächerübergreifende Aspekte berücksichtigen. Die Pflichtaufgaben sind durch kleine Symbole auf dem Laufzettel markiert, um den Schülern die Übersicht zu erleichtern.
Die Auftragskarten sind fortlaufend nummeriert und betitelt. Zudem sind sie so gestaltet, dass sie die Material- und Aufgabenbeschreibung gesondert auflisten. Das benötigte Material ist jeweils als Wort und (als zusätzliche optische Unterstützung) Bild abgedruckt. Die ggf. wählbare Sozialform wird durch ein entsprechendes Piktogramm angezeigt.
Zu jedem Angebot gehören in der Regel ein Arbeitsblatt und eine Bastel-, Versuchs- oder Gebrauchsanleitung, jeweils mit entsprechenden Lösungskontrollmöglichkeiten.
Hilfreich für die Arbeit mit einer Werkstatt ist die Einführung eines „Expertensystems". Dieses kann folgendermaßen organisiert werden: Zu Beginn der Werkstatt suchen sich die Kinder in einer Orientierungsstunde die Aufgabe aus, zu der sie der Experte werden möchten. Diese bearbeiten sie, wobei der Lehrer Hilfestellungen bei Problemen geben kann. Über die Auftragskarten der Werkstatt werden kleine Zettel mit den Namen der Experten geklebt. Hat nun ein Schüler während der Werkstattarbeit Schwierigkeiten bei der Bearbeitung einer Aufgabe, so kann er sich an den jeweiligen Experten wenden. Eine gute Möglichkeit, die Selbstständigkeit der Kinder sowie soziales Lernen zu fördern!

Literatur für die Leseecke

Buse, Ludger: Igel. Stacheltiere in unserer Nachbarschaft. Georgsmarienhütte: Edition Liberacion 2001.

Das visuelle Lexikon der Pflanzen und Tiere. Hildesheim: Gerstenberg 1999.

Ezra, Mark u. Gavrin Rowe: Wohin, kleiner Igel. Gießen: Brunnen 2000.

Fechner, Amrei: Mein erstes Tierlexikon von A bis Z. 6. Auflage. Ravensburg: Ravensburger 2001.

Gersmeier, Ria u. Sabine Dreyer-Engels: Igelabenteuer. Berlin: Mann, o. J.

Gersmeier, Ria u. Sabine Dreyer-Engels: Kleiner Igel Pit. Berlin: Carlsen 2000.

Havard, Christian: Amsel, Igel und Marienkäfer. Tiere im Garten. München: ars edition 2001.

Janosch: Der Wettlauf zwischen Hase und Igel. Hamburg: Dressler 1995.

Marchand, Pierre: Tierspuren. Forschen, Spielen, Experimentieren. Buch Aktiv Box. 2. Auflage. München: ars edition 1999.

Michels, Tilde: Igel, komm ich nehm dich mit. 7. Auflage. München: dtv 2001.

Muller, Gerda: Ich bin der kleine Igel. 4. Auflage. Ravensburg: Ravensburger 2001.

Oftring, Bärbel: Tierspuren entdecken und bestimmen. Stuttgart: Kosmos 2001.

Petty, Kate u. Shona Grant: Ignaz, der kleine Igel. Hamburg: Carlsen 1998.

Stable, Michele u. Linda Gamlin: Wissen für Kinder. Tiere. Zug: Planet Medien, o. J.

Veit, Barbara u. Irene Mohr: Pieks der Igel. Wien, München: Betz 2000.

Vogel, Angelika: Der Igel Stichelstach. Heinsberg: Diek 1997.

Wendt, Irmela: Wo kleine Igel sind. 13. Auflage. Würzburg: Arena 1999.

Igelwörterbuch
von

____

Kennzeichen

Auge
Bauch
Kralle
Ohr

Pfote
Schnauze
Schwanz
Stachel

Nahrung

Birne
Frosch
Insekt
Käfer
Larve
Maus

Regenwurm
Schlange
Schnecke
Spinne
Tausendfüßler
Vogelei

Lebensraum

Auto
Herbst
Gefahr
Laub
Versteck

Hecke
Garten
Komposthaufen
Park
Wald

Didaktischer Kommentar zu den Angeboten

1. Körperbau

Die Kinder sollen die äußeren Körperteile einer Igelzeichnung beschriften, indem sie aus vorgegebenen Wortkarten die passenden Begriffe auswählen. Auf diese Weise lernen sie die Körperteile des Igels und deren sachgerechte Bezeichnung kennen.

Sozialform:
Einzel- oder Partnerarbeit

Medien:
Arbeitsblatt, Stift, Lösungsblatt, Sachbücher,

Tipps:

- Material und Vorbereitung:
  Ein zu Beginn der Unterrichtsreihe mitgebrachter lebender Igel verstärkt die Motivation und den Lerneffekt dieses Lernangebotes.
  Aus Sachbüchern zum Thema Igel können die Kinder die notwendigen Informationen entnehmen.

- Durchführung:
  Der Unterschied zwischen Tatze und Pfote sollte in einer Zwischenreflexion geklärt werden. Das Kind, welches sich – etwa durch Aufhängen eines Namensschildes – als Experte und Helfer zur Verfügung stellt, sollte vorher von der Lehrperson über den Unterschied informiert werden.

2. Babyigel

Die Kinder sollen einen Tonigel modellieren und die Stacheln mit Hilfe von 100 Zahnstochern darstellen. Sie sollen die Zahnstocher geschickt abzählen und ihre Zählstrategie auf einem Arbeitsblatt aufzeichnen.

Sozialform:
Einzelarbeit

Medien:
Arbeitsblatt, Zahnstocher, Ton,
Stift, Lösungsblatt

Tipps:

- Material und Vorbereitung:
  Der Ton sollte vorher portioniert werden, während die Zahnstocher von den Kindern selbst abgezählt werden sollen. Es müssen nicht sofort alle Portionen bereit liegen, sie können nach und nach bereitgestellt werden. Falls sie eine Ziegelei, ein Klinkerwerk oder ähnliches in Ihrer Nähe haben, können Sie den Ton dort preiswert beziehen. Die Tonigel sollten wegen der hölzernen Zahnstocher nicht gebrannt werden.
  Tatsächlich haben Igel bei ihrer Geburt etwa 100 Stacheln. Da Igelstacheln ein stumpfes und ein spitzes Ende haben und da man zusätzlich Material sparen kann, empfiehlt es sich die Zahnstocher vorher zu halbieren.

- Durchführung:
  Da im Mathematikunterricht die Erweiterung des Zahlenraumes bis 100 in der Regel im Herbst des 2. Schuljahres erfolgt, ist eine Koordination mit dem Mathematikunterricht von Vorteil. Die von den Kindern entwickelte Zählstrategie zum Abzählen der 100 Zahnstocher sollen sie auf dem Arbeitsblatt durch das Einkreisen der abgebildeten Zahnstocher – vor der Arbeit mit dem Ton – notieren.

3. Igelkinder

Die Kinder sollen einen kurzen Text zur Geburt von Igeljungen sinnentnehmend lesen und anschließend einige Fragen zum Inhalt des Textes beantworten.

Sozialform:
Einzelarbeit

Medien:
Arbeitsblatt, Stift, Lösungsblatt

Tipps:

- Material und Vorbereitung:
  Zur Einsparung von Kopierkosten können die Lesetexte auch laminiert werden. Die Kinder können die Antworten auf die Fragen dann mit Folienstift auf dem Arbeitsblatt notieren und nach der Kontrolle mit dem Lösungsblatt abwischen. Die Benutzung von Bleistiften (falls die Arbeitsblätter nicht laminiert werden) erleichtert das nachträgliche Verbessern und Korrigieren.

4. Stacheln der Igelbabys

Die Kinder sollen erfahren, dass sich die Stacheln eines Igelbabys während der Geburt an den Körper anlegen, indem sie einen mit Sand gefüllten und mit Streichhölzern gespickten Luftballon durch die Hände ihres Partners ziehen.

Sozialform:
Partnerarbeit

Medien:
Versuchsanleitung, Stift, präparierten Luftballon

Tipps:

- Material und Vorbereitung:
  Bevor ein handelsüblicher Luftballon präpariert werden kann, sollte er zwecks Dehnung einmal aufgeblasen worden sein. Einige (10–20) Nägel mit breitem Kopf von innen durch die Luftballonhaut drücken, sodass sich der Nagelkopf innen befindet und die Nagelspitze außen ist. Zum Schluss den Luftballon mit Sand füllen und zuknoten.

- Durchführung:
  Die Kinder sollen ihre Vermutung und Beobachtung des Versuches zur Beantwortung der Kinderfrage: „Verletzen sich die Igel bei der Geburt?“ auf dem Arbeitsblatt notieren. In der Regel sind noch nicht alle Kinder in der Lage ihre Versuchsbeobachtungen auf die Wirklichkeit zu übertragen. Die Schwierigkeiten dieses Lernangebotes können zum Gegenstand einer Zwischenreflexion gemacht werden. Ohne die Ergebnisse vorwegzunehmen teilen die Kinder sich im Gesprächskreis gegenseitig Tipps zu Durchführung und Transfer mit.

5. Igel wiegen

Die Kinder sollen zwei mit Anglergewichten gefüllte Stoffigel mit einer Waage wiegen und anhand einer Tabelle das entsprechende „Igel"-Alter bestimmen.

Sozialform:
Einzel- oder Partnerarbeit

Medien:
Arbeitsblatt, Stift, zwei Stoffigel, Waage, Lösungsblatt

Tipps:

- Material und Vorbereitung:
  Für diesen Versuch werden zwei handelsübliche Stoffigel entlang der Naht auf der Bauchseite aufgetrennt und mit Anglergewichten gefüllt, sodass der eine Igel 40 g und der andere Igel 70 g wiegt.

- Durchführung:
  Igel, die mit weniger als 500 g in den Winterschlaf gehen, sind nicht überlebensfähig. Wenn Igel mit einem Gewicht unterhalb dieser Grenze kurz vor dem Winterschlaf aufgefunden werden, sollten sie in einer Igelstation überwintern. Das Angebot sollte Gegenstand einer Abschlussreflexion sein, wobei auch geklärt werden kann, ob und wie ein Igel im heimischen Keller überwintern kann.
  Der Umgang mit einer Waage und das Ablesen des Gewichtes sollte im Vorfeld der Werkstatt eingeführt werden. Hier empfiehlt sich erneut eine enge Koordination mit dem Mathematikunterricht. Da der Zahlenraum bis 500 zum Zeitpunkt der Durchführung der Werkstatt noch nicht erweitert worden war, wurden Gewichte gewählt, die im Zahlenraum bis 100 liegen. Das Prinzip, dass vom Gewicht des Igels auf sein Alter geschlossen werden kann, bleibt dennoch erfahrbar.

6. Igelaufgaben

Die Kinder sollen drei Rechenaufgaben mit naturkundlichem Hintergrund lösen.

Sozialform:
Einzel- oder Partnerarbeit

Medien:
Arbeitsblatt, Stift, Lösungsblatt

Tipps:

- Material und Vorbereitung:
  Das Arbeitsblatt enthält drei einfache Sachaufgaben zur Addition im Zwanzigerraum.

- Durchführung:
  Bei Aufgabe 1 und 2 können die Kinder ihre ersten Erfahrungen zur Multiplikation anwenden.

7. Was der Igel alles kann

Die Schüler sollen Texte zu den Leistungen der Sinnesorgane der Igel sinnentnehmend lesen, das beschriebene Sinnesorgan benennen und einer Igelzeichnung korrekt zuordnen.

Sozialform:
Einzel- oder Partnerarbeit

Medien:
Arbeitsblatt, Stift, Schere, Kleber, Lösungsblatt

Tipps:

- Material und Vorbereitung:
  Das Lösungsblatt sollte in diesem Fall nicht an der Wand befestigt werden, damit die Kinder es zur Kontrolle mit zum Platz nehmen können (s. Durchführung). Bei größeren Lerngruppen sollten mehrere mit Deckblatt versehene Lösungsblätter bereitliegen.
- Durchführung:
  Die ausgeschnittenen Texte sollen zunächst nur an die entsprechende Stelle des Arbeitsblattes gelegt werden. Vor dem Aufkleben sollten die Kinder ihr Ergebnis mit der Lösungsvorlage vergleichen, da ein späteres Korrigieren nicht mehr möglich ist.

8. Igel rollen sich ein

Die Kinder sollen nachvollziehen, wie sich durch das Einrollen des Igels die Haut spannt und die Stacheln aufstellen, indem sie sich in ein Igelkleid hüllen und das Ein- und Ausrollen des Igels nachahmen.

Sozialform:
Partnerarbeit

Medien:
Arbeitsblatt, Stift, Igelkleid

Tipps:

- Material und Vorbereitung:
  Als Igelhaut dient ein ausgedientes, möglichst helles Spannbetttuch, auf das mit einem Textilstift zusätzlich Stacheln in Form kurzer, etwa 2 cm langer Linien gezeichnet werden. Bei Ausdehnung des Tuches erscheinen die Stacheln größer. In den vier Ecken des Tuches werden runde Öffnungen mit einem Durchmesser von etwa 15 cm geschnitten. Hier können die Kinder mit Hilfe ihres Partners ihre Hände und Füße hineinstecken.
- Durchführung:
  Die Kinder sollten darauf hingewiesen werden, dass sich Igel nicht hin- und herrollen, sondern sich nur bei Gefahr zusammenrollen. Um das Ergebnis des Versuches nicht zu verfälschen, sollten die Schüler auch nur dieses Gefahr-Zusammenrollen durchführen. Das Gefühl der sich spannenden Igelhaut kann von den Kindern nachvollzogen werden. Der Dialog mit dem Partner erleichtert es den Kindern, ihre Gefühle zu beschreiben. Ein kurzer Text zur Funktion des Einrollens bei Gefahr und die Abbildungen dienen dazu, den Transfer vom Modell auf die Wirklichkeit anzuregen.

9. Stacheln des Igels

Die Kinder sollen die Beschaffenheit eines Igelstachels und die Begründung für dessen Aufbau begreifen, indem sie einen Informationstext lesen, zwei Versuche durchführen, ihre Versuchsbeobachtungen notieren und eine Zeichnung von einem Igelstachel anfertigen.

Sozialform:
Einzel- oder Partnerarbeit

Medien:
Arbeitsblatt, angespitzte Strohhalme, zwei Dosen (eine mit Nägeln und eine mit Strohhalmen gefüllt), Stift

Tipps:

- Material und Vorbereitung:
  Angespitzte Strohhalme dienen beim ersten Versuch dazu zu erfahren, dass die Stacheln des Igels je ein nach innen gerichtetes stumpfes und ein nach außen gerichtetes spitzes Ende haben.
  Eine mit Strohhalmen und eine mit Nägeln gefüllte Dose wird für den zweiten Teil des Versuch benötigt, um im Gewichtsvergleich per Hand begreifbar zu machen, dass hohle Stacheln für den Igel leichter zu tragen sind. Die beiden Dosen, die zur Durchführung des zweiten Versuchs benötigt werden, sollten in Form und Größe identisch sein und dem Inhalt entsprechend beschriftet werden, um Verwechslungen zu vermeiden.

- Durchführung:
  Die Kinder sollten darauf hingewiesen werden, im Umgang mit den angespitzten Strohhalmen vorsichtig zu sein.

10. Igeljahr

Die Kinder sollen kurze Texte zum Lebensrhythmus des Igels lesen, ausschneiden und der passenden Stelle der Igel-Jahresuhr zuordnen.

Sozialform:
Einzel- oder Partnerarbeit

Medien:
Arbeitsblatt, Ausschneidebogen, Schere, Kleber, Lösung

Tipps:

- Material und Vorbereitung:
  Vor Beginn der Arbeit an diesem Angebot wäre es sinnvoll, mit den Kindern zu überlegen, welche Nahrung der Igel zu sich nimmt. Der Begriff „aktive Zeit“ wird evtl. noch nicht allen Kindern geläufig sein, sodass er kurz erklärt werden sollte.

- Durchführung:
  Bevor die Kinder die Texte an die passenden Stellen kleben, kontrollieren sie ihre Lösungen mit dem Lösungsblatt, denn ein späteres Korrigieren ist nach dem Festkleben nicht mehr möglich.
  Um auch leseschwächeren Schülern die Bearbeitung des Lernangebotes zu ermöglichen, können sich die betroffenen Kinder die Texte von ihrem Partner vorlesen lassen.

11. Rätselgitter

Die Kinder sollen in einem Buchstabengitter acht Wörter zur Nahrung des Igels finden und markieren.

Sozialform:
Einzel- oder Partnerarbeit

Medien:
Arbeitsblatt, Wörterdose, Stift, Lösungsblatt

Tipps:

- Material und Vorbereitung:
  Die Lösungswörter werden auf kleinen Papierstücken aufgeschrieben und in Filmdosen, die in Fotogeschäften kostenlos erhältlich sind, gesteckt.
- Durchführung:
  Die Kinder können als zusätzliche Hilfe eine Wörterdose nutzen, welche die acht versteckten Begriffe auf Wortkarten enthält. Dies sollte den Kindern bei einem Orientierungsgang vermittelt werden.

12. Elektroquiz

Die Schüler sollen die Lerninhalte der Unterrichtseinheit auf motivierende und spielerische Art wiederholen und festigen.

Sozialform:
Einzelarbeit

Medien:
Elektroquiz, drei verschiedene Auflagen

Tipps:

- Material und Vorbereitung:
  Das Elektroquiz sowie passende Auflagen können Sie folgendermaßen selbst herstellen: Zunächst werden die Kopiervorlagen laminiert. Dann werden an allen mit einem Punkt gekennzeichneten Stellen Musterbeutelklammern von vorne durch die laminierte Elektroquizauflage gesteckt. Das Anritzen der entsprechenden Stellen mit einem handelsüblichen Bastelmesser erleichtert das Einstecken der Musterbeutelklammern. Anschließend werden auf der Rückseite der Elektroquiz-Auflage alle „richtigen" Antworten mit einem Klingeldraht mit der Frage verbunden. Zur Erhöhung der Kontaktsicherheit können die Verbindungsstellen von Musterbeutelklammern und Klingeldraht gelötet werden.
  Das Elektroquiz selbst besteht aus einer kleinen Sperrholzplatte (ca. 250 x 250 mm), auf der eine Flachbatterie mit einem Stück Klettband (Vorteile bei Batteriewechsel) oder doppelseitigem Klebeband befestigt wird. Eine der Batteriezungen wird über einen Klingeldraht mit der Fassung einer kleinen Glühlampe (Fahrradlämpchen) verbunden. Die Fassungen der Glühlämpchen lassen sich mit kleinen Holzschrauben auf der Platte befestigen. Ein zweiter Klingeldraht wird mit der anderen Batteriezunge verbunden und bleibt offen. Ein dritter Klingeldraht wird mit der Fassung der Glühlampe verbunden, während das Ende offen bleibt.
  Werden nun die beiden offenen Kabelenden miteinander verbunden, fließt Strom und die Glühlampe beginnt zu leuchten.

Bei Verwendung der Auflagen fließt nur dann Strom, wenn die passenden Antworten, Begriffe oder Bilder miteinander verbunden werden, indem die Kinder die offenen Enden des Klingeldrahtes an die entsprechenden Musterbeutelklammern der Auflage halten.

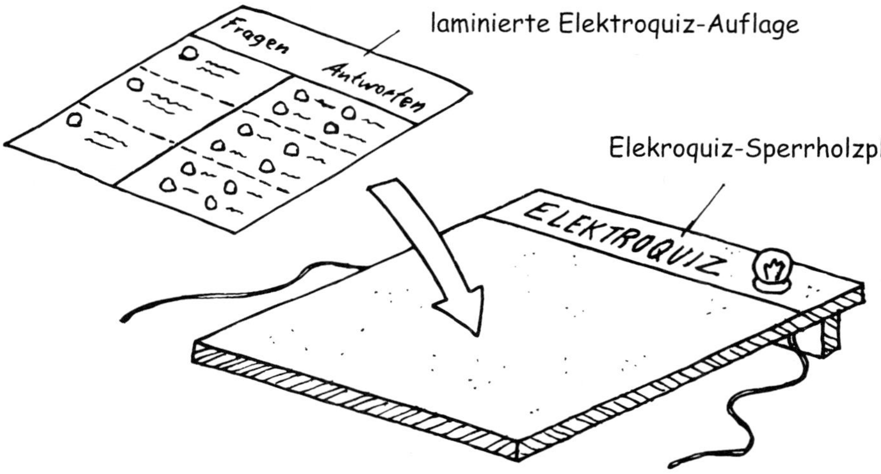

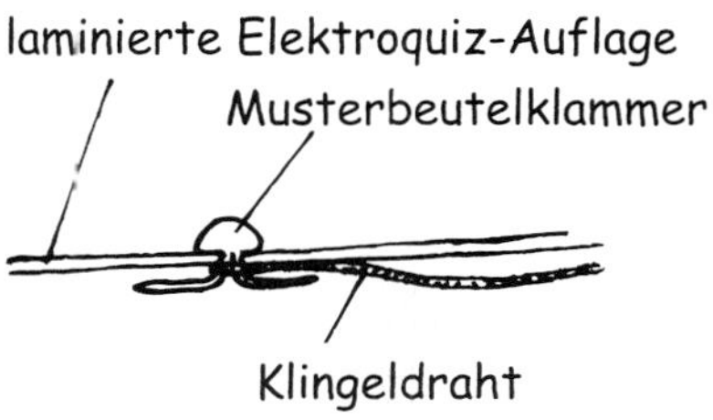

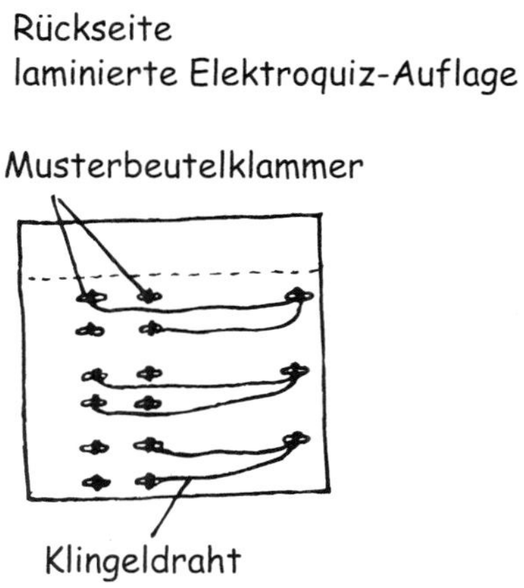

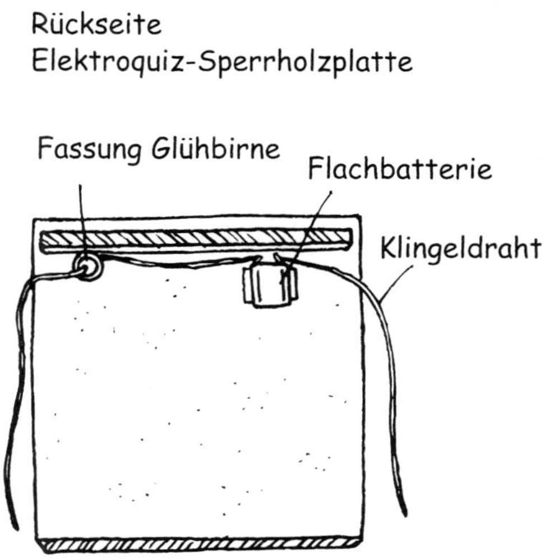

- Durchführung:
  Das Elektroquiz mit den Auflagen sollte in mehrfacher Ausführung zur Verfügung stehen, damit alle Schüler die Chance erhalten, diese Aufgabe zu bearbeiten. Außerdem sollten die Kinder alle drei Auflagebögen nacheinander bearbeiten. Sobald sie mit einer Auflage fertig sind, legen sie sie auf die Stationstheke zurück und holen sich die nächste. Auf diese Weise können sich mehrere Kinder gleichzeitig mit dem Elektroquiz beschäftigen und jedes Kind kann nach seinem individuellen Tempo arbeiten.

13. Fressen und gefressen werden

Die Kinder sollen die natürlichen Feinde des Igels sowie seine Nahrung kennen lernen, indem sie entsprechende Bilder ausschneiden und an die passende Stelle des Arbeitsblattes kleben. Zur Vertiefung sollen kleine Sätze über die Feinde und die Nahrung des Igels gebildet werden.

Sozialform:
Einzel- oder Partnerarbeit

Medien:
Arbeitsblätter, Lösungsblätter, Ausschneidebögen, Kleber, Igelwörterbuch, Stift, Schere

Tipps:

- Material und Vorbereitung:
  Im Sinne einer Differenzierung wird das Arbeitsblatt und der dazugehörige Ausschneidebogen in zwei verschieden schwierigen Versionen bereitgestellt. Auf dem einen Arbeitsblatt ist die Form der Leerrahmen für die einzuklebenden Bilder für Feinde und Nahrung des Igels jeweils unterschiedlich, während sie auf dem schwierigeren Arbeitsblatt gleich ist.
- Durchführung:
  Die Kinder sollten im Vorfeld der Werkstattarbeit über die beiden unterschiedlich schwierigen Arbeitsblätter des Lernangebotes und die Art der Kennzeichnung des Unterschiedes informiert werden.
  Auch hier vergleichen die Kinder ihre Lösungen mit dem Lösungsblatt, bevor sie die Bilder an die passenden Stellen kleben. Eine selbstständige nachträgliche Korrektur durch die Kinder ist sonst nicht möglich.

14. Igelrätsel

Die Kinder sollen ihre Fähigkeiten, im Hunderterraum zu addieren und zu subtrahieren, spielerisch mit Hilfe strukturierter Aufgaben festigen. Anschließend sollen sie den Ergebnissen bestimmte Buchstaben zuordnen, sodass sich ein Lösungssatz zum Winterschlaf des Igels ergibt.

Sozialform:
Einzel- oder Partnerarbeit

Medien:
Arbeitsblatt, Hundertertafel, Stift, Lösungsblatt

Tipps:

- Material und Vorbereitung:
  Die Hundertertafel ist ein wichtiges Anschauungsmittel des Mathematikunterrichtes und sollte möglichst mehrfach vorhanden sein.
- Durchführung:
  Die Hundertertafel wird zuvor im Mathematikunterricht eingeführt und einfache Zahlbeziehungen und Rechenoperationen mit ihr durchgeführt.

15. Der Igel träumt

Die Kinder sollen das Bild von einem Igel im Herbstlaub sowie die Einleitung zu einem Traum des Igels als Anregung zum Verfassen einer Fortsetzung des Traumes nutzen.

Sozialform:
Einzel- oder Partnerarbeit

Medien:
Arbeitsblatt, Stift, Igelwörterbuch

Tipps:

- Material und Vorbereitung:
  Das Igelwörterbuch bietet den Kindern Anhaltspunkte für die Formulierung ihrer Fortsetzungsgeschichte. Das nach den Themenbereichen der Werkstatt gegliederte Igelwörterbuch erhält jedes Kind vor Beginn der Werkstattarbeit.

- Durchführung:
  Da es sich um ein Angebot zum freien Schreiben handelt, sollte auf Korrekturen durch den Lehrer verzichtet werden. Fertig gestellte Geschichten können von den Kindern in einer Zwischenreflexion vorgestellt und Tipps zur Überarbeitung weitergegeben werden. Wird das Angebot in Partnerarbeit durchgeführt, sollten die Kinder sich die Fortsetzung des Traums zunächst mündlich erzählen.

16. Verstecke des Igels

Die Kinder sollen Texte über typische Igelverstecke sinnentnehmend lesen und den passenden Bildern zuordnen oder eigene Texte unter die passenden Bilder schreiben.

Sozialform:
Einzel- oder Partnerarbeit

Medien:
Arbeitsblatt, Stift, Lösungsblatt

Tipps:

- Material und Vorbereitung:
  Wenn an der Schule ein Schulgarten vorhanden ist, kann dort ein Laubhaufen aus einer Schicht aus Reisig und Laub mit einer Plastikplane darüber angelegt werden.
- Durchführung:
  Nachdem die Kinder die Beschreibungen gelesen, ausgeschnitten und dem passenden Bild zugeordnet haben, sollen sie die Beschreibungen im Anschluss an die Selbstkontrolle an die richtige Stelle kleben.

17. Gefahren für den Igel

Die Kinder sollen sich der Gefährdung der Natur durch menschliche Eingriffe bewusst werden, indem sie Bilder über Igel in Gefahrensituationen besprechen und beschriften.

Sozialform:
Partner- oder Gruppenarbeit

Medien:
Arbeitsblatt, Stift

Tipps:

- Material und Vorbereitung:
  Nicht allen Kindern ist klar, dass es sich bei Bild 4 um eine Sand- oder Baugrube handelt. Dies sollte im Vorfeld geklärt werden, um spätere Missverständnisse in der Interpretation der Bilder zu vermeiden.
- Durchführung:
  Die Beschriftung der Bilder ist freigestellt, sodass die Ergebnisbesprechung als Thema einer Zwischen- oder Abschlussreflexion vorgesehen ist. Das Lösungsblatt kann als Orientierungshilfe dienen.

18. Igelgedicht

Die Kinder sollen ein Gedicht über die Gefährdung der Igel durch den Straßenverkehr lesen und ihre Empfindungen und Vorstellungen in einem Bild ausdrücken.

Sozialform:
Einzel- oder Partnerarbeit

Medien:
Gedicht, Zuckerkreide, schwarzer Tonkarton

Tipps:

- Material und Vorbereitung:
  Handelsübliche bunte Kreide wird in einem Gefäß (z.B. eine leere Eispackung oder eine Tupperdose) mit einer heißen gesättigten Zuckerlösung aufgegossen. Nachdem die Kreide sich vollgesogen hat, wird das Wasser bis auf einen kleinen Bodensatz abgegossen und der Behälter verschlossen in den Kühlschrank gestellt. Nach etwa 24 Stunden ist die Kreide gebrauchsfertig und für etwa zwei bis vier Wochen verwendbar.
  Die bereitgestellten Tonpapier-Bögen sollten auf eine Größe von etwa DIN A4 zugeschnitten werden, da das ganze Blatt von den Kindern mit Zuckerkreide ausgefüllt werden sollte. Die zunächst noch feuchte Kreide trocknet auf dem schwarzen Tonpapier schnell und hinterlässt einen sehr ansprechenden Leuchteffekt, der zum Thema des Bildes „Gefahren für den Igel" passt.

- Durchführung:
  Bevor die Kinder ein passendes Bild malen, sollten sie das Gedicht gelesen haben. Die Kinder sind auch darauf hinzuweisen, den Behälter mit Zuckerkreide nach dem Gebrauch wieder zu verschließen, um die Haltbarkeit der Zuckerkreide zu verlängern.
  Fertig gestellte Bilder können in Zwischenreflexionen vorgestellt werden, ohne dass Ergebnisse vorweggenommen werden.

19. Die Welt des Igels

Die Kinder sollen Tierfiguren nach ihrem Lebensraum sortieren, die Fußabdrücke des Igels und anderer einheimischer Tiere als Bestimmungsmerkmal kennen lernen sowie Unterschiede und Gemeinsamkeiten dieser Spuren erkennen und beschreiben.

Sozialform:
Einzel- oder Partnerarbeit

Medien:
Arbeitsblatt, Tierfiguren, Stift, Lösungsblatt

Tipps:

- Material und Vorbereitung:
  Die Motivation und Anschaulichkeit kann dadurch gesteigert werden, dass die auf dem Arbeitsblatt abgebildeten Tiere als Figuren aufgestellt werden. Die Kinder können Figuren von zu Hause mitbringen oder im Kunstunterricht aus Pappe oder dickem Papier Tierfiguren als Aufsteller herstellen.

- Durchführung:
  Das Lernangebot verlangt anspruchsvolle Transferleistungen. Es sollte daher möglichst ein freiwilliges zusätzliches Lernangebot sein.

20. Igelige Herbstgeschichte

Die Kinder sollen eine Schreibidee zum Thema Igel entwickeln und selbstständig verschriftlichen.

Sozialform:
Einzel- oder Partnerarbeit

Medien:
Arbeitsblatt, Stift, Igelwörterbuch

Tipps:

- Material und Vorbereitung:
  Das Igelwörterbuch enthält Stichwörter, die als Anhaltspunkte für eine Geschichte dienen können.

- Durchführung:
  Die fertig gestellten Geschichten können zum Gegenstand einer Zwischenreflexion gemacht werden. Tipps zur Überarbeitung und Verbesserung können dabei von den Kindern ausgetauscht werden.

Mit dem Igel in den Herbst

Werkstattplan von

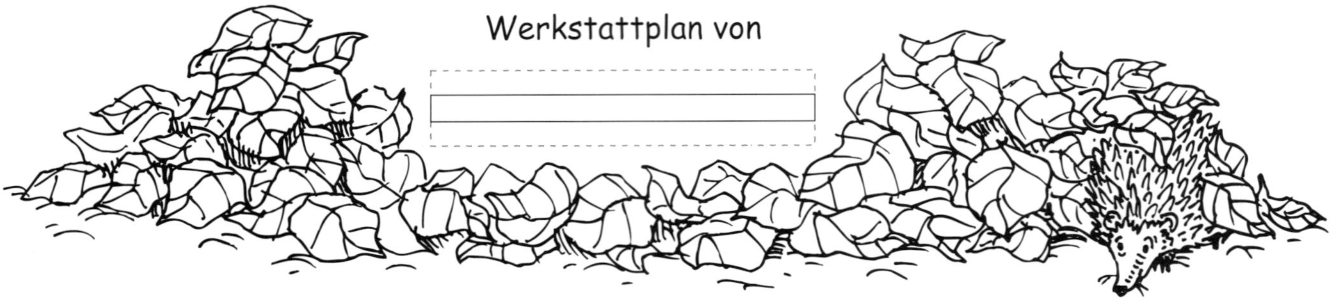

Kennzeichen

1
2
3
4
5
6

Pflichtaufgabe =

7
8
9
10

Nahrung

11
12

13
14
15

Lebensraum

16
17
18
19
20

1	Körperbau 	 bis  

Deine Aufgabe:

Setze die passenden Wörter ein.

Für diese Aufgabe benötigst du:

AB

Stift

Lösung

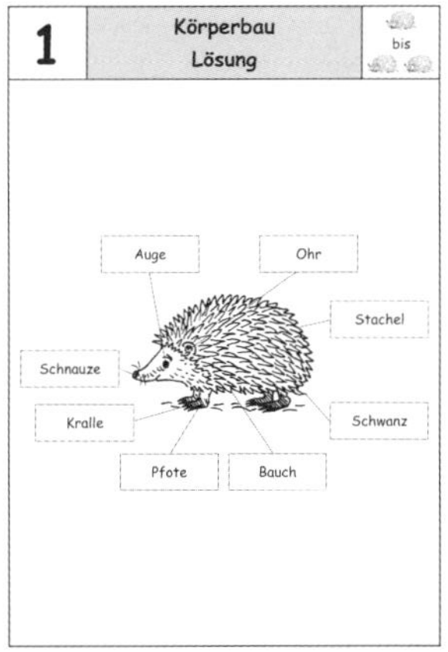

1

Körperbau

bis

Name:

 **1. Setze die passenden Wörter ein.**

Bauch	Kralle	Schwanz
Tatze	Auge	Ohr
Schnauze	Mähne	Nase
Pfote	Stachel	Rüssel

Lars Kreft: Mit dem Igel in den Herbst

1 Körperbau Lösung

bis

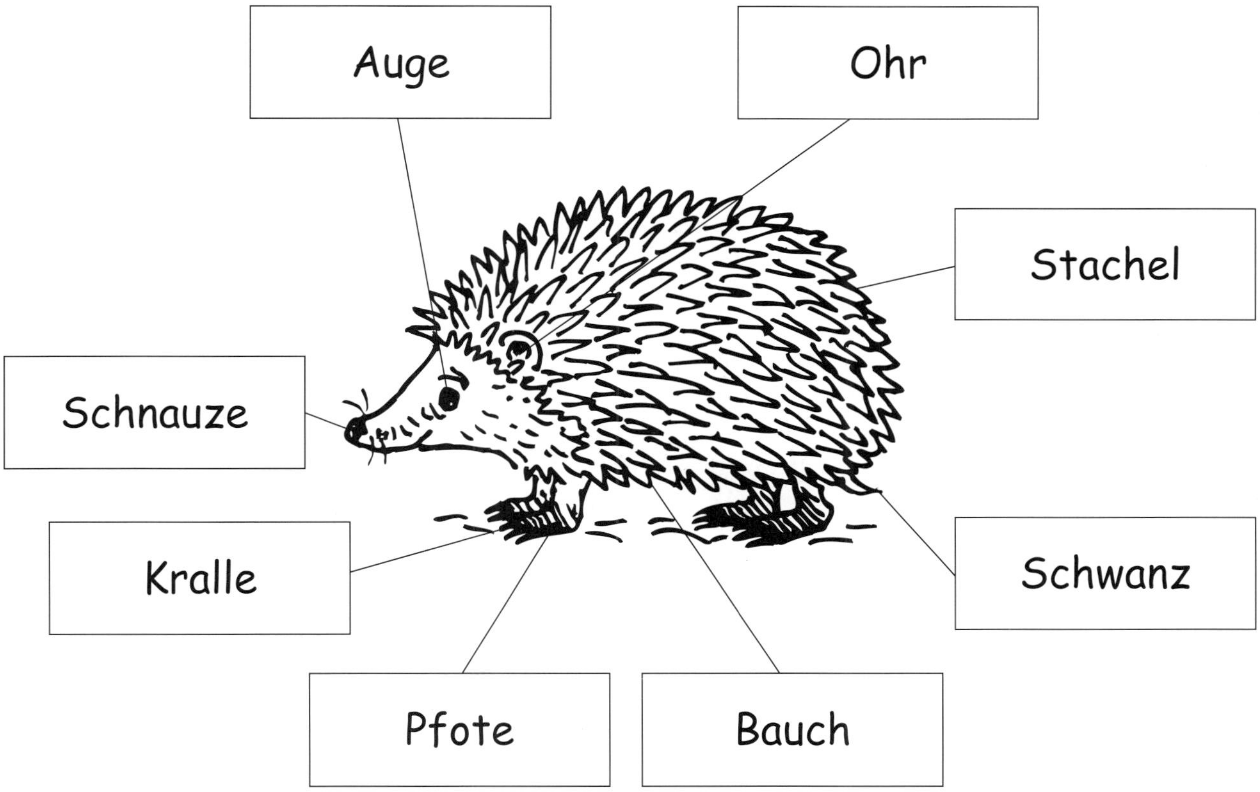

2

Babyigel

Deine Aufgabe:

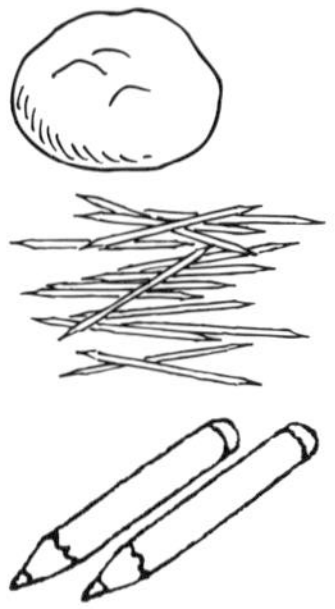

1. Forme einen Babyigel aus Ton.
   Stecke Zahnstocher als Stacheln in den Igel.
   Du brauchst 100 Zahnstocher.
2. Zähle die Stocher geschickt ab!
   Zeichne auf dem AB ein, wie du 100 Zahnstocher gezählt hast.

Für diese Aufgabe benötigst du:

AB

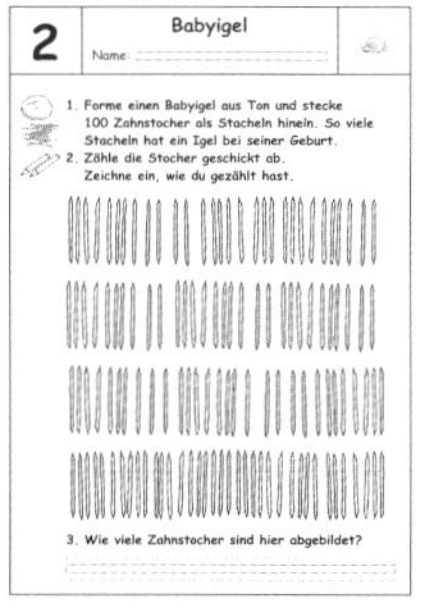

2 Babyigel
Name:

1. Forme einen Babyigel aus Ton und stecke 100 Zahnstocher als Stacheln hinein. So viele Stacheln hat ein Igel bei seiner Geburt.
2. Zähle die Stocher geschickt ab. Zeichne ein, wie du gezählt hast.
3. Wie viele Zahnstocher sind hier abgebildet?

100 Zahnstocher

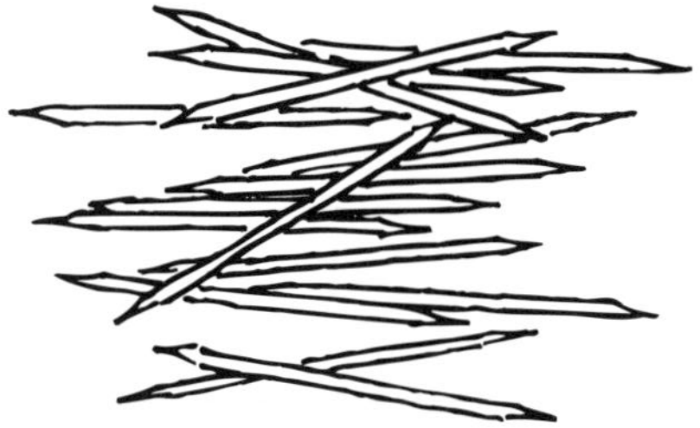

Stift

Lösung

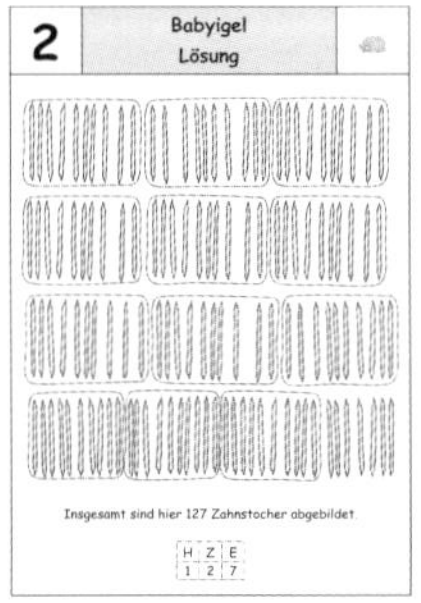

2 Babyigel Lösung

Insgesamt sind hier 127 Zahnstocher abgebildet.

H	Z	E
1	2	7

Ton

2

Babyigel

Name: ______________________________

1. Forme einen Babyigel aus Ton und stecke 100 Zahnstocher als Stacheln hinein. So viele Stacheln hat ein Igel bei seiner Geburt.

2. Zähle die Stocher geschickt ab. Zeichne ein, wie du gezählt hast.

3. Wie viele Zahnstocher sind hier abgebildet?

____

2

Babyigel
Lösung

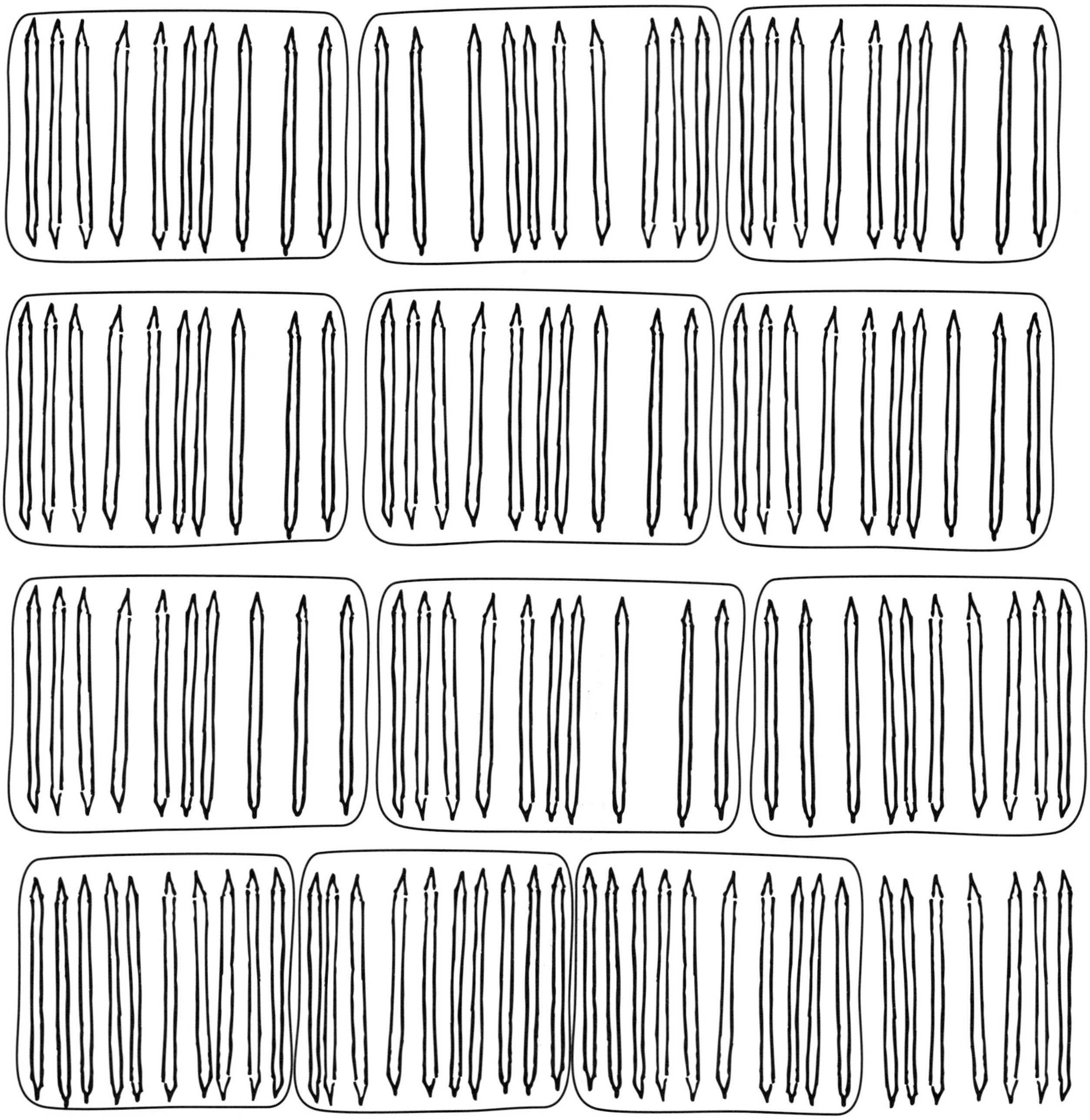

Insgesamt sind hier 127 Zahnstocher abgebildet.

H	Z	E
1	2	7

3	Igelkinder	bis

Deine Aufgabe:

 1. Lies den Text aufmerksam durch.

 2. Beantworte die Igelfragen.

Für diese Aufgabe benötigst du:

AB

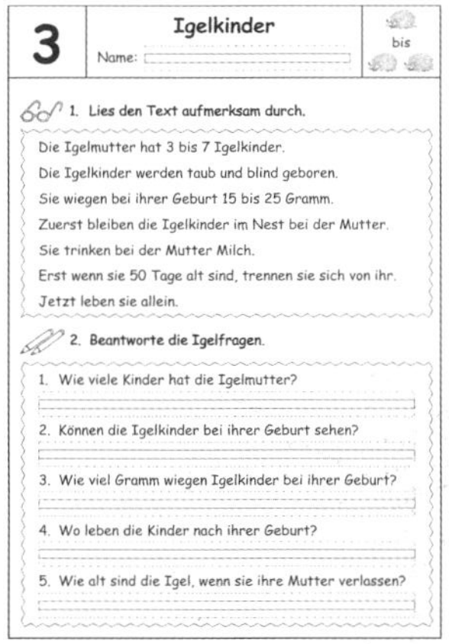

3 Igelkinder bis

Name:

1. Lies den Text aufmerksam durch.

Die Igelmutter hat 3 bis 7 Igelkinder.
Die Igelkinder werden taub und blind geboren.
Sie wiegen bei ihrer Geburt 15 bis 25 Gramm.
Zuerst bleiben die Igelkinder im Nest bei der Mutter.
Sie trinken bei der Mutter Milch.
Erst wenn sie 50 Tage alt sind, trennen sie sich von ihr.
Jetzt leben sie allein.

2. Beantworte die Igelfragen.

1. Wie viele Kinder hat die Igelmutter?
2. Können die Igelkinder bei ihrer Geburt sehen?
3. Wie viel Gramm wiegen Igelkinder bei ihrer Geburt?
4. Wo leben die Kinder nach ihrer Geburt?
5. Wie alt sind die Igel, wenn sie ihre Mutter verlassen?

Stift

Lösung

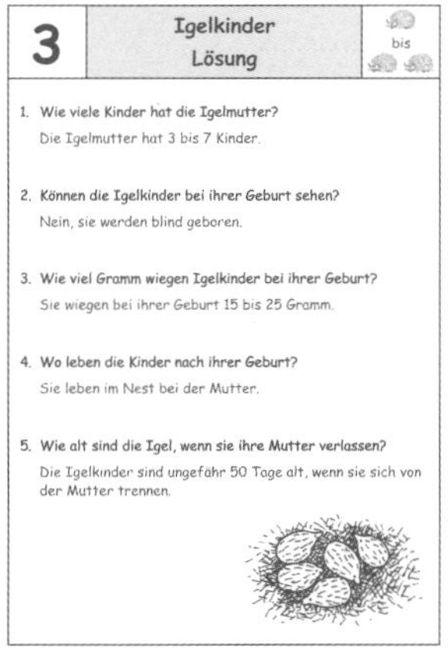

3 Igelkinder Lösung bis

1. Wie viele Kinder hat die Igelmutter?
Die Igelmutter hat 3 bis 7 Kinder.
2. Können die Igelkinder bei ihrer Geburt sehen?
Nein, sie werden blind geboren.
3. Wie viel Gramm wiegen Igelkinder bei ihrer Geburt?
Sie wiegen bei ihrer Geburt 15 bis 25 Gramm.
4. Wo leben die Kinder nach ihrer Geburt?
Sie leben im Nest bei der Mutter.
5. Wie alt sind die Igel, wenn sie ihre Mutter verlassen?
Die Igelkinder sind ungefähr 50 Tage alt, wenn sie sich von der Mutter trennen.

3 Igelkinder

Name:

bis

1. Lies den Text aufmerksam durch.

Die Igelmutter hat 3 bis 7 Igelkinder.

Die Igelkinder werden taub und blind geboren.

Sie wiegen bei ihrer Geburt 15 bis 25 Gramm.

Zuerst bleiben die Igelkinder im Nest bei der Mutter.

Sie trinken bei der Mutter Milch.

Erst wenn sie 50 Tage alt sind, trennen sie sich von ihr.

Jetzt leben sie allein.

2. Beantworte die Igelfragen.

1. Wie viele Kinder hat die Igelmutter?

2. Können die Igelkinder bei ihrer Geburt sehen?

3. Wie viel Gramm wiegen Igelkinder bei ihrer Geburt?

4. Wo leben die Kinder nach ihrer Geburt?

5. Wie alt sind die Igel, wenn sie ihre Mutter verlassen?

3 Igelkinder Lösung

1. Wie viele Kinder hat die Igelmutter?

Die Igelmutter hat 3 bis 7 Kinder.

2. Können die Igelkinder bei ihrer Geburt sehen?

Nein, sie werden blind geboren.

3. Wie viel Gramm wiegen Igelkinder bei ihrer Geburt?

Sie wiegen bei ihrer Geburt 15 bis 25 Gramm.

4. Wo leben die Kinder nach ihrer Geburt?

Sie leben im Nest bei der Mutter.

5. Wie alt sind die Igel, wenn sie ihre Mutter verlassen?

Die Igelkinder sind ungefähr 50 Tage alt, wenn sie sich von der Mutter trennen.

4

Stacheln des Igelbabys

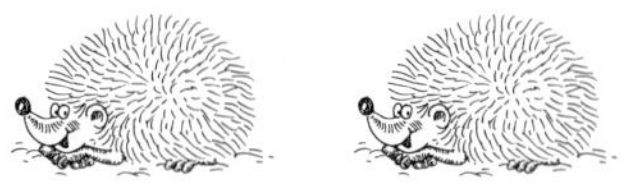

Eure Aufgabe:

1. Lest die Versuchsanleitung auf dem Arbeitsblatt und führt den Versuch durch.

2. Was beobachtet ihr?
3. Warum verletzt sich die Igelmutter nicht bei der Geburt?

Für diese Aufgabe benötigt ihr:

AB

4 Stacheln des Igelbabys

Name:

Hast du dir schon einmal überlegt, warum sich die Igelmutter bei der Geburt nicht an den Stacheln des Igelbabys verletzt?

Der Versuch zeigt, warum nichts passiert.

1. Einer von euch formt mit den Händen einen Trichter. Das ist die „Geburtsöffnung" der Igelmutter.
2. Der andere schiebt oder zieht den Luftballon mit dem Knoten nach vorn durch die Geburtsöffnung.
3. Was beobachtet ihr?
4. Warum verletzt sich die Igelmutter nicht bei der Geburt?

Stift

Luftballon

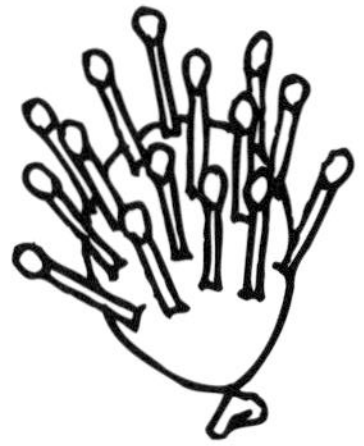

Lösung

4 Stacheln des Igelbabys Lösung

3. Was beobachtet ihr?
Die Streichhölzer werden glatt nach hinten gedrückt, wenn der Ballon durch den Trichter gezogen wird. Sie stehen nicht mehr vom Luftballon ab, sondern legen sich glatt an.

4. Warum verletzt sich die Igelmutter nicht bei der Geburt?
Die Stacheln des Babys werden bei der Geburt wie die Streichhölzer des Luftballons glatt nach hinten an den Körper gedrückt. So können die Spitzen die Mutter nicht verletzen.

4 Stacheln des Igelbabys

Name:

Hast du dir schon einmal überlegt, warum sich die Igelmutter bei der Geburt nicht an den Stacheln des Igelbabys verletzt?

Der Versuch zeigt, warum nichts passiert.

1. **Einer von euch formt mit den Händen einen Trichter.**

   Das ist die „Geburtsöffnung" der Igelmutter.

2. **Der andere schiebt oder zieht den Luftballon mit dem Knoten nach vorn durch die Geburtsöffnung.**

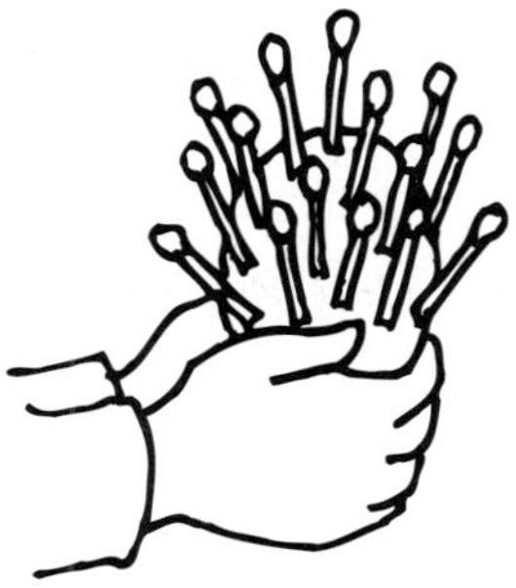

3. **Was beobachtet ihr?**

4. **Warum verletzt sich die Igelmutter nicht bei der Geburt?**

4 Stacheln des Igelbabys Lösung

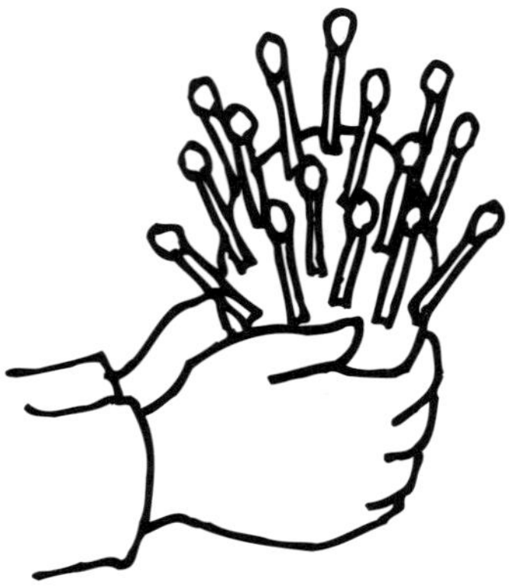

3. Was beobachtet ihr?

Die Streichhölzer werden glatt nach hinten gedrückt, wenn der Ballon durch den Trichter gezogen wird. Sie stehen nicht mehr vom Luftballon ab, sondern legen sich glatt an.

4. Warum verletzt sich die Igelmutter nicht bei der Geburt?

Die Stacheln des Babys werden bei der Geburt wie die Streichhölzer des Luftballons glatt nach hinten an den Körper gedrückt. So können die Spitzen die Mutter nicht verletzen.

5

Igel wiegen

Deine Aufgabe:

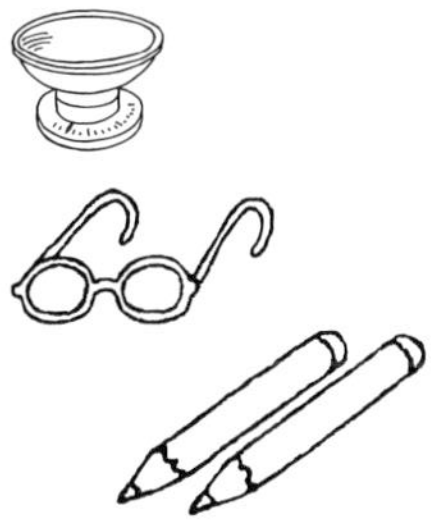

1. Wiege die beiden Igelkinder.
2. Mit Hilfe der Tabelle kannst du bestimmen, wie alt die Igelkinder sind.

Für diese Aufgabe benötigst du:

AB

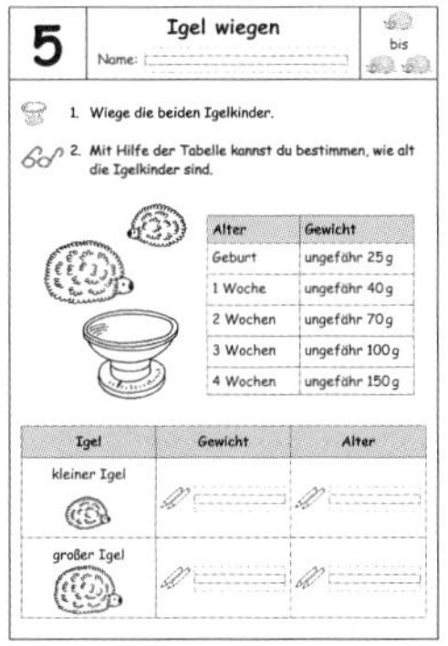

Stift

2 Stoffigel

Waage

Lösung

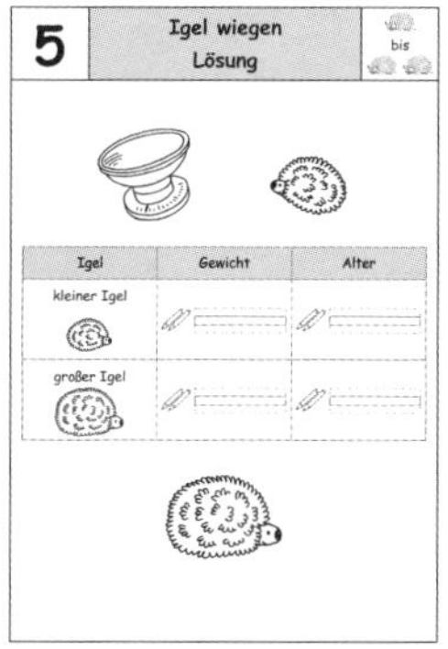

5	# Igel wiegen Name: ______	 bis 

1. Wiege die beiden Igelkinder.

2. Mit Hilfe der Tabelle kannst du bestimmen, wie alt die Igelkinder sind.

Alter	Gewicht
Geburt	ungefähr 25 g
1 Woche	ungefähr 40 g
2 Wochen	ungefähr 70 g
3 Wochen	ungefähr 100 g
4 Wochen	ungefähr 150 g

Igel	Gewicht	Alter
kleiner Igel 	______	______
großer Igel 	______	______

5	Igel wiegen Lösung	 bis 

Igel	Gewicht	Alter
kleiner Igel 		
großer Igel 		

Lars Kreft: Mit dem Igel in den Herbst

6

Igelaufgaben

bis

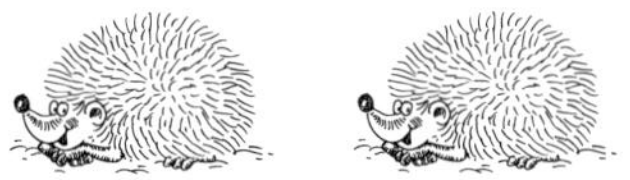

Deine Aufgabe:

1. Lies den Text genau durch.

2. Löse die Igelaufgaben.

Für diese Aufgabe benötigst du:

AB

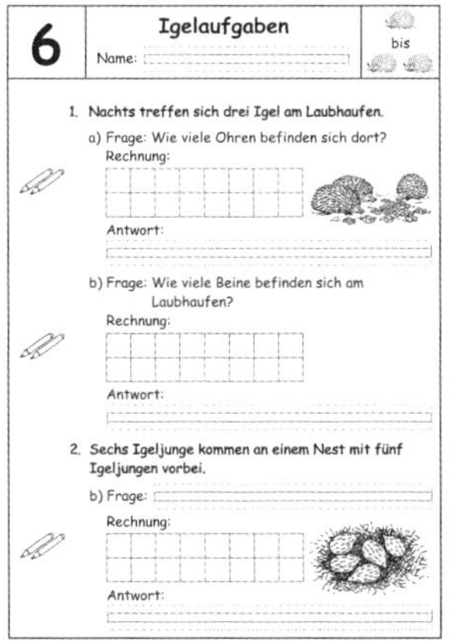

6 | Igelaufgaben | bis

Name:

1. Nachts treffen sich drei Igel am Laubhaufen.
   a) Frage: Wie viele Ohren befinden sich dort?
   Rechnung:
   Antwort:
   b) Frage: Wie viele Beine befinden sich am Laubhaufen?
   Rechnung:
   Antwort:
2. Sechs Igeljunge kommen an einem Nest mit fünf Igeljungen vorbei.
   b) Frage:
   Rechnung:
   Antwort:

Stift

Lösung

6 | Igelaufgaben Lösung | bis

1. Nachts treffen sich drei Igel am Laubhaufen.
   a) Frage: Wie viele Ohren befinden sich dort?
   Rechnung:
   2 + 2 + 2 = 6
   3 · 2 = 6
   Antwort: An dem Laubhaufen befinden sich 6 Ohren.
   b) Frage: Wie viele Beine befinden sich am Laubhaufen?
   Rechnung:
   4 + 4 + 4 = 12
   3 · 4 = 12
   Antwort: An dem Laubhaufen befinden sich 12 Beine.
2. Sechs Igeljunge kommen an einem Nest mit fünf Igeljungen vorbei.
   b) Frage: Wie viele Igeljunge befinden sich im Nest?
   Rechnung:
   6 + 5 = 11
   Antwort: In dem Nest befinden sich 11 Igeljunge.

6

Igelaufgaben

Name:

bis

1. Nachts treffen sich drei Igel am Laubhaufen.

a) Frage: Wie viele Ohren befinden sich dort?

Rechnung:

Antwort:

b) Frage: Wie viele Beine befinden sich am Laubhaufen?

Rechnung:

Antwort:

2. Sechs Igeljunge kommen an einem Nest mit fünf Igeljungen vorbei.

b) Frage:

Rechnung:

Antwort:

6 Igelaufgaben Lösung

bis

1. Nachts treffen sich drei Igel am Laubhaufen.

a) Frage: Wie viele Ohren befinden sich dort?

Rechnung:

2	+	2	+	2	=	6	
3	·	2	=	6			

Antwort: An dem Laubhaufen befinden sich 6 Ohren.

b) Frage: Wie viele Beine befinden sich am Laubhaufen?

Rechnung:

4	+	4	+	4	=	1	2
3	·	4	=	1	2		

Antwort: An dem Laubhaufen befinden sich 12 Beine.

2. Sechs Igeljunge kommen an einem Nest mit fünf Igeljungen vorbei.

b) Frage: Wie viele Igeljunge befinden sich im Nest?

Rechnung:

6	+	5	=	1	1		

Antwort: In dem Nest befinden sich 11 Igeljunge.

7

Was der Igel alles kann

Deine Aufgabe:

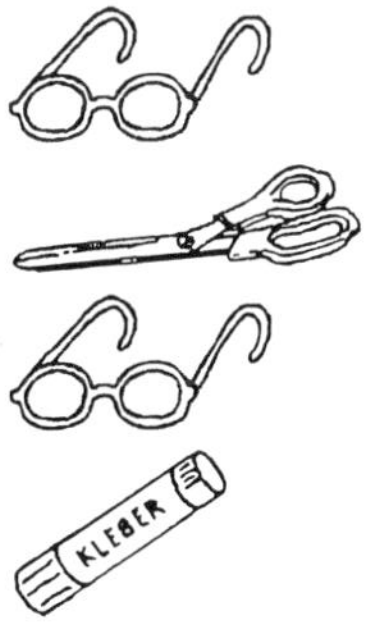

1. Lies den Text.
2. Schneide die Karten aus und lege sie an die passende Stelle.
3. Vergleiche mit der Lösung.
4. Klebe die Karten auf.

Für diese Aufgabe benötigst du:

AB	Ausschneidebogen	Schere	Kleber	Lösung

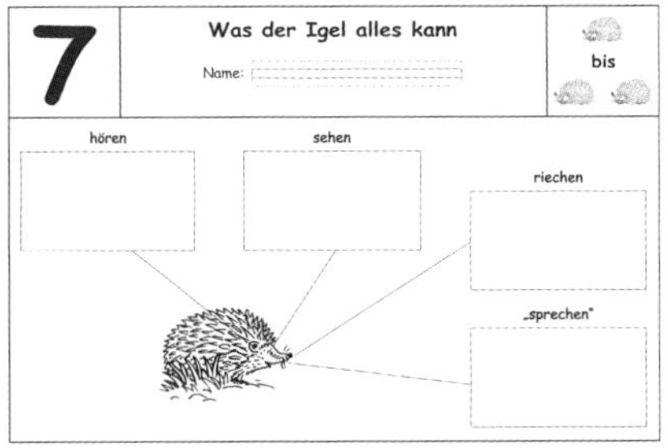

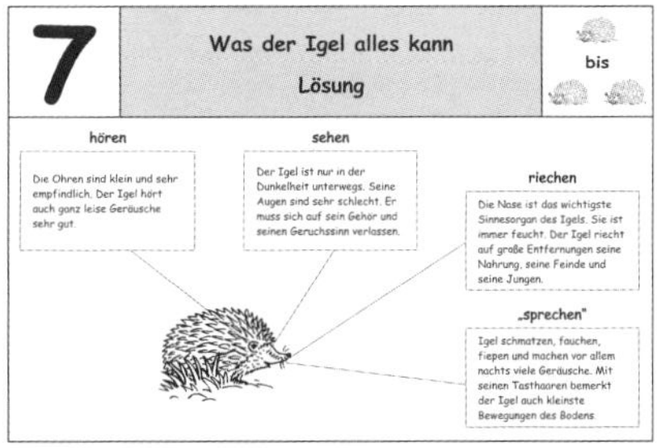

7

Was der Igel alles kann

Name: ____________________

bis

hören

sehen

riechen

„sprechen"

7 Was der Igel alles kann
Ausschneidebogen

bis

1. Lies den Text.
2. Schneide die Karten aus und lege sie an die passende Stelle.
3. Vergleiche mit der Lösung.
4. Klebe die Karten auf.

Der Igel ist nur in der Dunkelheit unterwegs. Seine Augen sind sehr schlecht. Er muss sich auf sein Gehör und seinen Geruchssinn verlassen.	Die Ohren sind klein und sehr empfindlich. Der Igel hört auch ganz leise Geräusche sehr gut.
Igel schmatzen, fauchen, fiepen und machen vor allem nachts viele Geräusche. Mit seinen Tasthaaren bemerkt der Igel auch kleinste Bewegungen des Bodens.	Die Nase ist das wichtigste Sinnesorgan des Igels. Sie ist immer feucht. Der Igel riecht auf große Entfernungen seine Nahrung, seine Feinde und seine Jungen.

7 Was der Igel alles kann

Lösung

hören

Die Ohren sind klein und sehr empfindlich. Der Igel hört auch ganz leise Geräusche sehr gut.

sehen

Der Igel ist nur in der Dunkelheit unterwegs. Seine Augen sind sehr schlecht. Er muss sich auf sein Gehör und seinen Geruchssinn verlassen.

riechen

Die Nase ist das wichtigste Sinnesorgan des Igels. Sie ist immer feucht. Der Igel riecht auf große Entfernungen seine Nahrung, seine Feinde und seine Jungen.

„sprechen"

Igel schmatzen, fauchen, fiepen und machen vor allem nachts viele Geräusche. Mit seinen Tasthaaren bemerkt der Igel auch kleinste Bewegungen des Bodens.

8

Igel rollen sich ein

bis

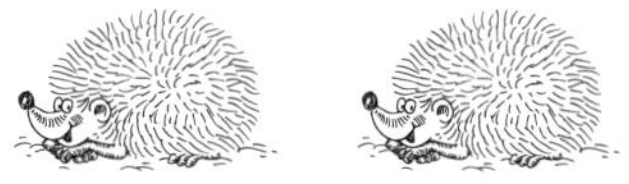

Deine Aufgabe:

1. Lies den Text.
2. Zieh das Igelkleid über.
   Versuche, dich so wie der Igel ein- und auszurollen.
3. Was fällt dir an dem Stoff auf, wenn du eine „Kugel“ bist?

Für diese Aufgabe benötigst du:

AB

8 Igel rollen sich ein bis

Name:

1. Lies den Text.
2. Zieh das Kleid über. Versuche, dich so wie der Igel ein- und auszurollen.

Einrollen:

Der Igel zieht Beine, Schwanz und Kopf ein. Dann krümmt er seinen Rücken, bis er eine stachelige Kugel ist.

Ausrollen:

Nach einer Weile streckt der Igel zunächst seine kleine Nase heraus.

Dann kommen die Vorderbeine heraus und der Igel dreht sich schnell vom Rücken auf die Beine.

Der Igel streckt seinen Kopf heraus und sucht ein Versteck.

3. Was fällt dir an dem Stoff auf, wenn du eine „Kugel“ bist?

Stift

Igelkleid

Lösung

8 Igel rollen sich ein Lösung bis

Was fällt dir an dem Stoff auf, wenn du eine „Kugel“ bist?

Der Stoff spannt sich, wenn man sich zu einer Kugel zusammenrollt. Dadurch fühlt es sich an, als ob das Kleid enger sein würde.

Auch die Haut des Igels spannt sich, wenn er sich einrollt. Dadurch stellen sich seine Stacheln auf und er ist gut gegen seine Feinde geschützt.

8 Igel rollen sich ein

Name: ____________________

bis

1. **Lies den Text.**

2. **Zieh das Kleid über. Versuche, dich so wie der Igel ein- und auszurollen.**

Einrollen:

Der Igel zieht Beine, Schwanz und Kopf ein. Dann krümmt er seinen Rücken, bis er eine stachelige Kugel ist.

Ausrollen:

Nach einer Weile streckt der Igel zunächst seine kleine Nase heraus.

Dann kommen die Vorderbeine heraus und der Igel dreht sich schnell vom Rücken auf die Beine.

Der Igel streckt seinen Kopf heraus und sucht ein Versteck.

3. **Was fällt dir an dem Stoff auf, wenn du eine „Kugel" bist?**

____

____

8

Igel rollen sich ein
Lösung

Was fällt dir an dem Stoff auf, wenn du eine „Kugel" bist?

Der Stoff spannt sich, wenn man sich zu einer Kugel zusammenrollt. Dadurch fühlt es sich an, als ob das Kleid enger sein würde.
Auch die Haut des Igels spannt sich, wenn er sich einrollt. Dadurch stellen sich seine Stacheln auf und er ist gut gegen seine Feinde geschützt.

Zusatztext

Igel rollen sich ein

Die Stacheln eines Igels
machen ihn unangreifbar für seine natürlichen Feinde.
Daher rollt sich der Igel bei Gefahr zusammen.
Ist der Igel jedoch zu dick,
kann er die Kugel nicht ganz schließen.
Dann bleibt – so wie auf dem Bild –
zwischen Nase und Bauch
ein Zwischenraum frei.
Der Igel ist dann nicht vollständig
gegen seine natürlichen Feinde geschützt.

Lars Kreft: Mit dem Igel in den Herbst

9

Stacheln des Igels

bis

Deine Aufgabe:

1. Lies dir den Text genau durch.

2. Löse die Igelstachel-Aufgaben.

Für diese Aufgabe benötigst du:

AB

Stift

Nagel

Dosen

Lösung

9

Stacheln des Igels

Name: ____________________

bis

1. Lies dir den Text genau durch.

Ein Igelstachel ist etwa so lang wie der kleine Finger an deiner Hand. An der dicksten Stelle ist der Stachel so dick wie ein Streichholz.

Das stumpfe Ende des Stachels steckt in der Haut des Igels. So kann sich der Stachel bei einem Aufprall nicht in die Haut des Igels bohren.
Das andere Ende des Stachels ist spitz. Obwohl die Stacheln hohl sind (wie ein Strohhalm), sind sie sehr stabil. Stell dir einmal vor, die Stacheln wären nicht hohl (wie ein Nagel). Dann müsste der Igel ständig ein schweres Gewicht mit sich herum tragen.

2. Drücke einen Nagel einmal mit der spitzen Seite und einmal mit der stumpfen Seite gegen deine Haut. Was fällt dir auf?

____

____

3. Vergleiche die beiden Dosen miteinander. Was stellst du fest?

____

____

9 Stacheln des Igels Lösung

bis

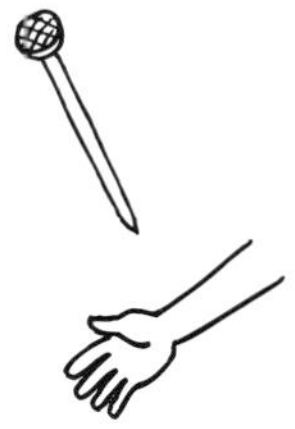

2. Drücke einen Nagel einmal mit der spitzen Seite und einmal mit der stumpfen Seite gegen deine Haut. Was fällt dir auf?

Drückt man den Nagel mit der spitzen Seite gegen den Arm, kann man sich leicht daran verletzen. Der Nagel piekst. Mit der stumpfen Seite kann man sich nicht so leicht verletzen. Es tut auch weniger weh, wenn man damit gegen die Haut drückt.

3. Vergleiche die beiden Dosen miteinander. Was stellst du fest?

Die Dose mit den hohlen Stacheln ist viel leichter als die Dose mit den gefüllten Stacheln.

Da der Igel hohle Stacheln hat, muss er viel weniger Gewicht tragen.

Vorlagen für Dosenaufdruck

10

Igeljahr

Deine Aufgabe:

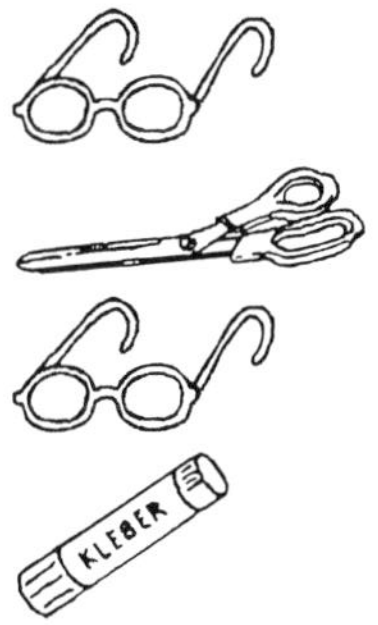

1. Lies den Text.
2. Schneide die Karten aus und lege sie an die richtige Stelle.
3. Vergleiche mit der Lösung.
4. Klebe die Karten auf.

Für diese Aufgabe benötigst du:

AB

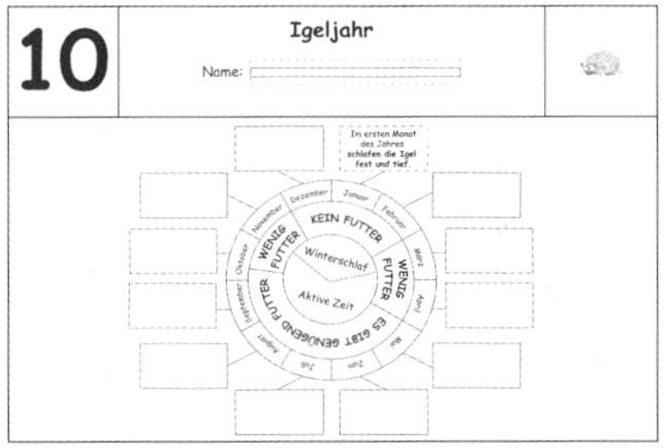

Ausschnei-
debogen

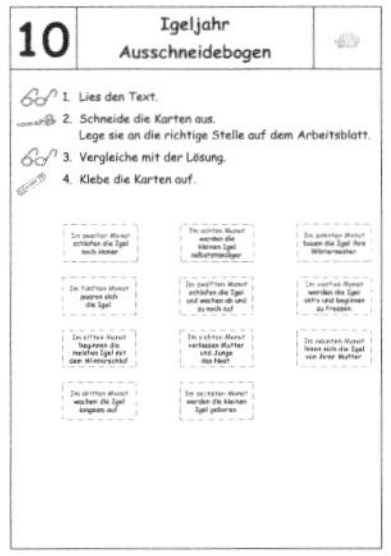

Schere

Kleber

Lösung

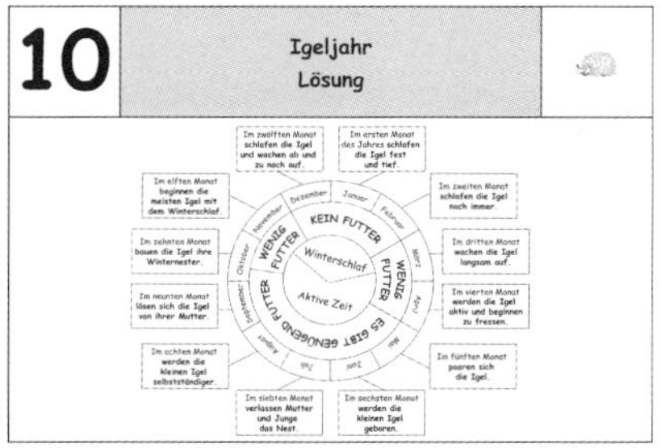

10

Igeljahr

Name: ______________________

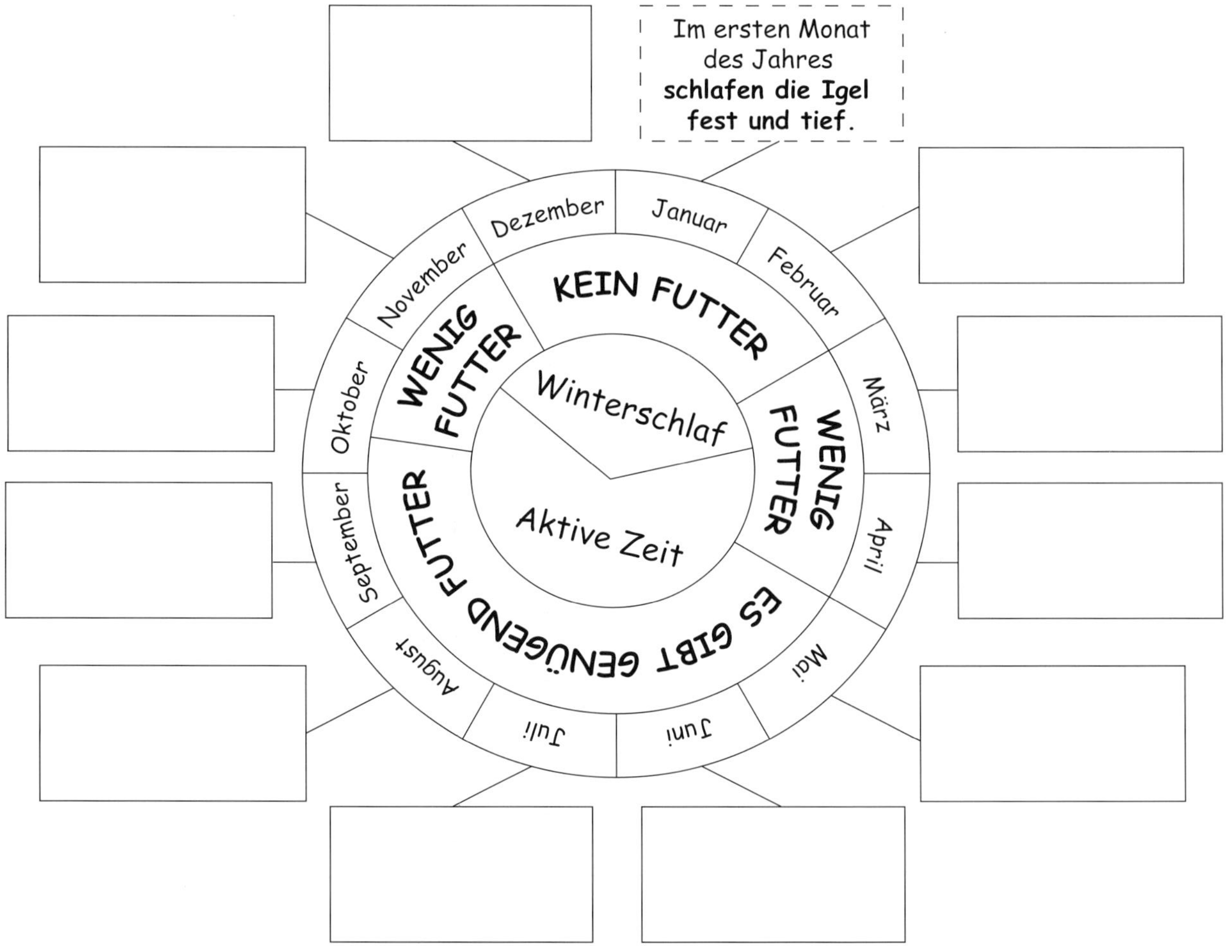

10 Igeljahr
Ausschneidebogen

1. Lies den Text.

2. Schneide die Karten aus.
   Lege sie an die richtige Stelle auf dem Arbeitsblatt.

3. Vergleiche mit der Lösung.

4. Klebe die Karten auf.

Im zweiten Monat schlafen die Igel noch immer.	Im achten Monat werden die kleinen Igel selbstständiger.	Im zehnten Monat bauen die Igel ihre Winternester.
Im fünften Monat paaren sich die Igel.	Im zwölften Monat schlafen die Igel und wachen ab und zu noch auf.	Im vierten Monat werden die Igel aktiv und beginnen zu fressen.
Im elften Monat beginnen die meisten Igel mit dem Winterschlaf.	Im siebten Monat verlassen Mutter und Junge das Nest.	Im neunten Monat lösen sich die Igel von ihrer Mutter.
Im dritten Monat wachen die Igel langsam auf.	Im sechsten Monat werden die kleinen Igel geboren.	

10

Igeljahr
Lösung

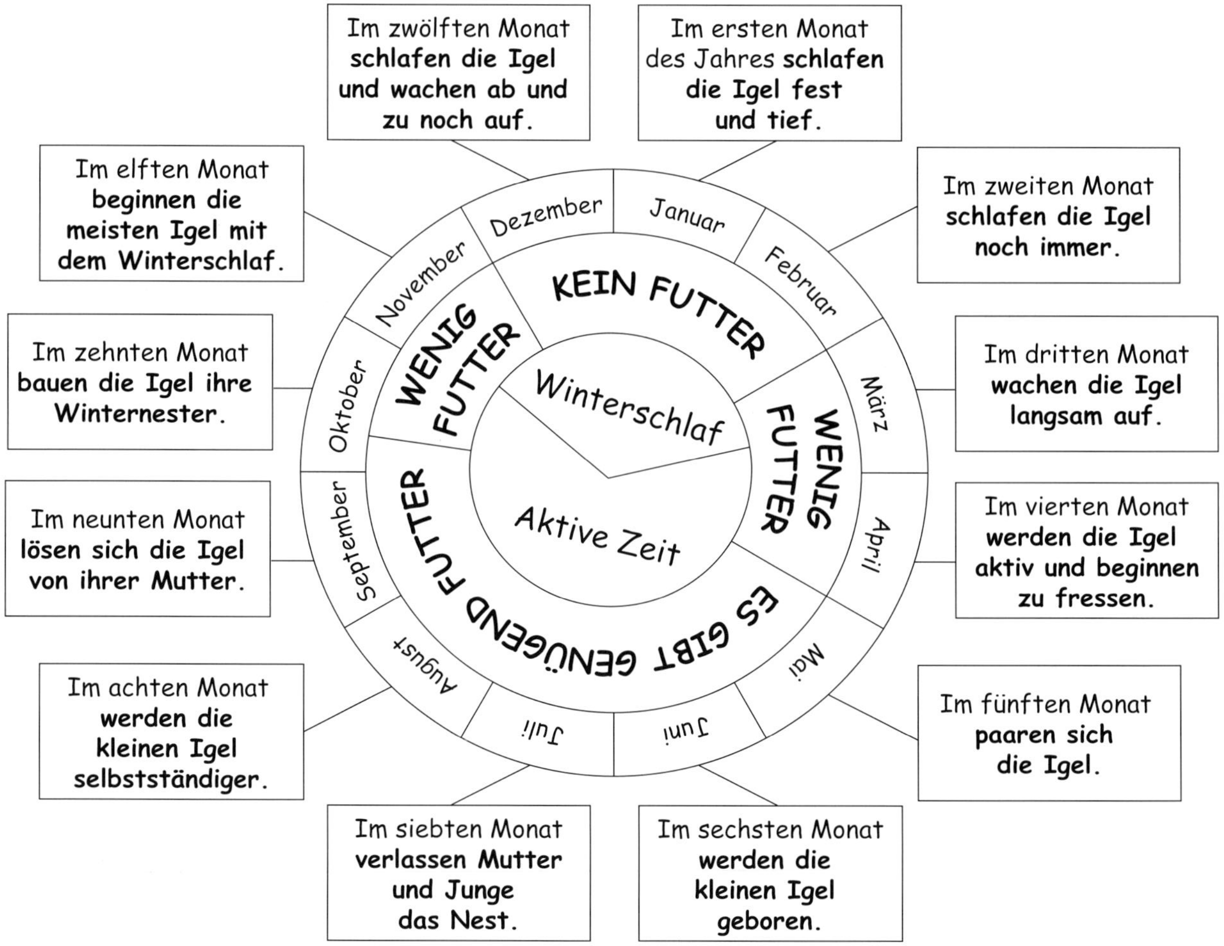

11

Rätselgitter

Deine Aufgabe:

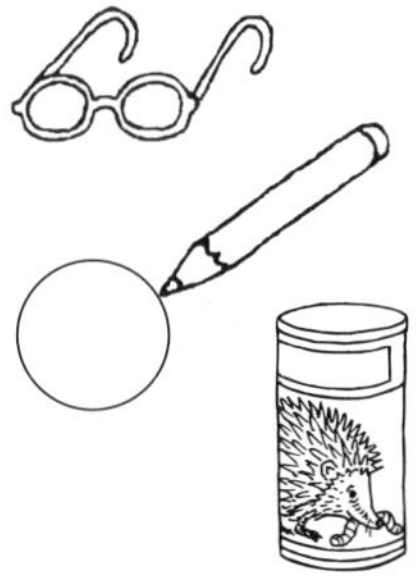

1. In dem Rätsel haben sich acht Wörter zur Nahrung des Igels versteckt.
   Kreise sie ein.
2. Nimm dir die Wörterdose, wenn du Hilfe brauchst. In der Dose findest du die acht gesuchten Wörter.

Für diese Aufgabe benötigst du:

AB

Stift

Wörterdose

Lösung

11

Rätselgitter

Name: ______________________

1. Findest du die 8 Wörter zur Nahrung des Igels, die sich hier versteckt haben?

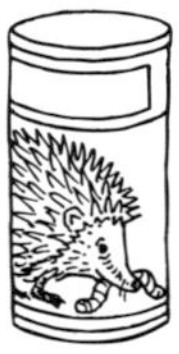

2. Eine Hilfe ist die Wörterdose, in der du die 8 Wörter findest.

D	E	Z	H	I	L	V	R	A	W	E	C
P	K	A	E	F	E	R	S	V	U	M	L
A	Y	O	P	W	R	A	T	W	B	I	T
T	E	F	F	R	O	S	C	H	U	N	P
A	G	H	D	K	L	S	R	T	I	E	W
U	A	B	M	Z	K	P	G	E	W	V	K
S	L	U	C	A	T	I	K	L	N	E	O
E	R	Z	T	K	L	N	B	E	I	O	L
N	S	D	T	K	A	N	Z	L	L	L	A
D	E	K	O	P	E	E	V	M	A	T	C
F	J	R	E	G	E	N	W	U	R	M	P
U	D	T	N	M	L	S	E	T	V	A	I
E	R	O	L	K	H	S	X	R	E	P	K
S	A	S	S	E	L	N	W	X	N	N	B
S	O	R	K	B	N	M	T	G	P	W	X
L	S	C	H	N	E	C	K	E	N	J	O
E	Z	H	K	L	E	W	V	U	M	K	B
R	O	E	G	T	Z	K	W	R	H	B	U

Ä = AE
Ü = UE
ß = ss

Lars Kreft: Mit dem Igel in den Herbst

11

Rätselgitter
Lösung

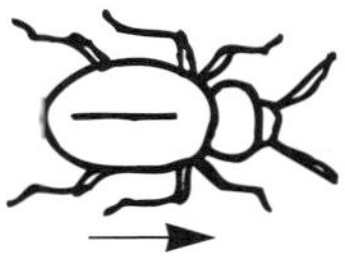

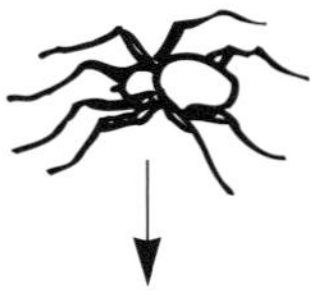

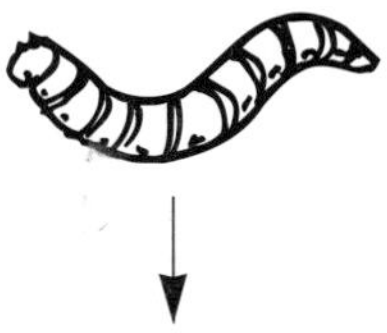

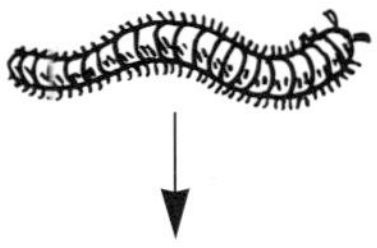

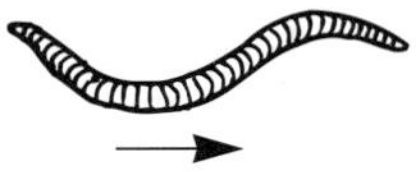

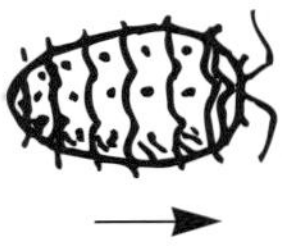

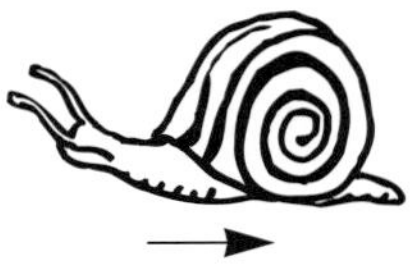

D	E	Z	H	I	L	V	R	A	W	E	C
P	K	A	E	F	E	R	S	V	U	M	L
A	Y	O	P	W	R	A	T	W	B	I	T
T	E	F	F	R	O	S	C	H	U	N	P
A	G	H	D	K	L	S	R	T	I	E	W
U	A	B	M	Z	K	P	G	E	W	V	K
S	L	U	C	A	T	I	K	L	N	E	O
E	R	Z	T	K	L	N	B	E	I	O	L
N	S	D	T	K	A	N	Z	L	L	L	A
D	E	K	O	P	E	E	V	M	A	T	C
F	J	R	E	G	E	N	W	U	R	M	P
U	D	T	N	M	L	S	E	T	V	A	I
E	R	O	L	K	H	S	X	R	E	P	K
S	A	S	S	E	L	N	W	X	N	N	B
S	O	R	K	B	N	M	T	G	P	W	X
L	S	C	H	N	E	C	K	E	N	J	O
E	Z	H	K	L	E	W	V	U	M	K	B
R	O	E	G	T	Z	K	W	R	H	B	U

Vorlage für Dosenaufdruck

Wortkarten für die Wörterdose

Käfer 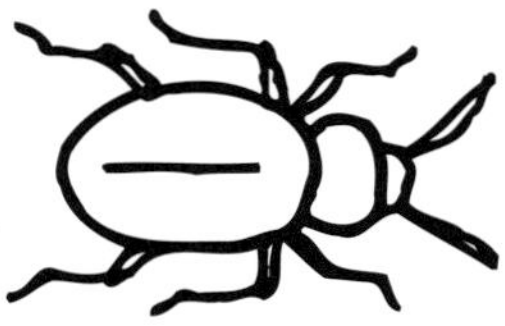	Frosch 	Spinne 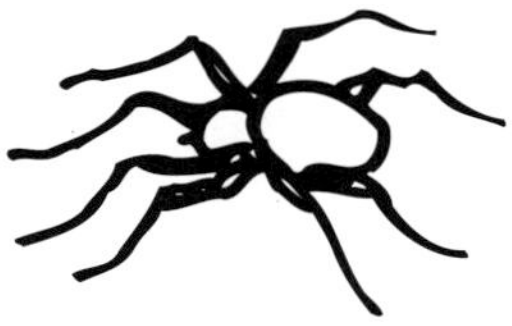
Regenwurm 	Larve 	Schnecke 
Tausendfüßler 	Assel 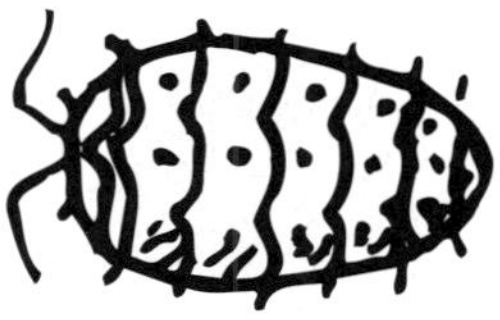	

Käfer 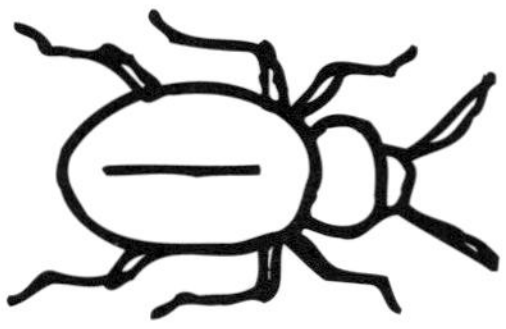	Frosch 	Spinne 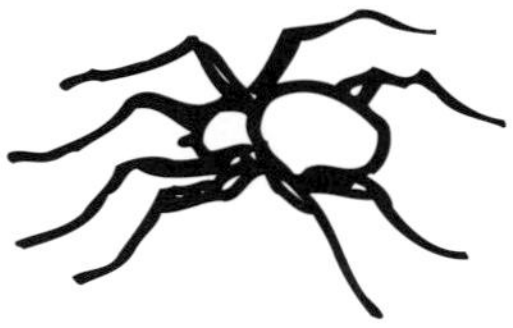
Regenwurm 	Larve 	Schnecke 
Tausendfüßler 	Assel 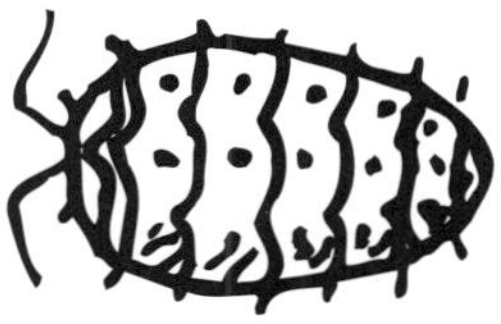	

12

Elektroquiz

<u>Deine Aufgabe:</u>

Mit dem Elektroquiz kannst du überprüfen, was du schon weißt.

1–2: Was fressen Igel? 3: Wer frisst Igel?

<u>Für diese Aufgabe benötigst du:</u>

Elektroquiz-Auflagen 1–3

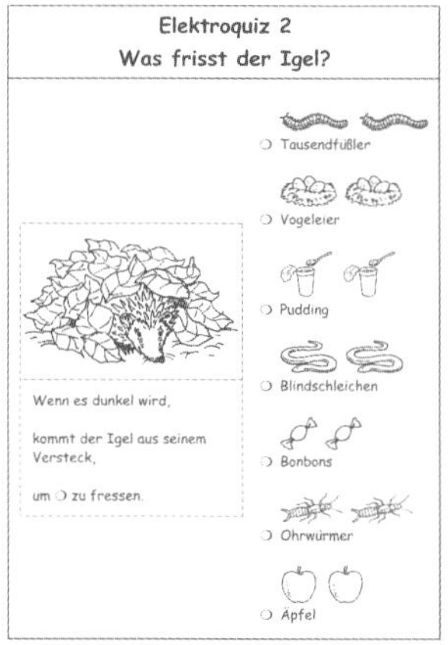

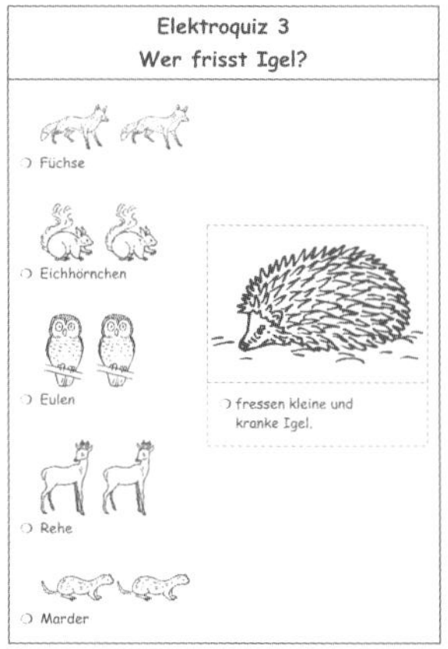

Elektroquiz 1

Was frisst der Igel?

Wenn es dunkel wird,

kommt der Igel aus seinem Versteck,

um ❍ zu fressen.

❍ Käfer

❍ Milch

❍ Schmetterlinge

❍ Eis

❍ Schnecken

❍ Käse

❍ Regenwürmer

Elektroquiz 2
Was frisst der Igel?

Wenn es dunkel wird,

kommt der Igel aus seinem Versteck,

um ❍ zu fressen.

❍ Tausendfüßler

❍ Vogeleier

❍ Pudding

❍ Blindschleichen

❍ Bonbons

❍ Ohrwürmer

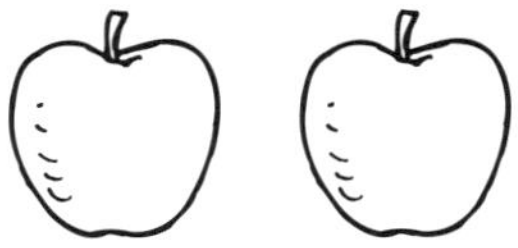

❍ Äpfel

Elektroquiz 3

Wer frisst Igel?

❍ Füchse

❍ Eichhörnchen

❍ Eulen

❍ Rehe

❍ Marder

❍ fressen kleine und kranke Igel.

13 Fressen und gefressen werden

bis

Deine Aufgabe:

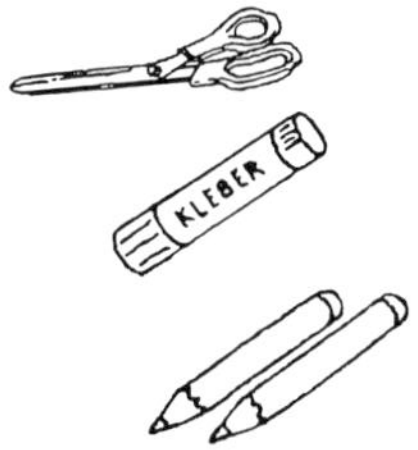

1. Wähle ein Arbeitsblatt. AB 1 ist etwas leichter als AB 2.
2. Schneide die Bilder aus und klebe sie auf dein AB.
3. Schreibe Sätze zu den Bildern.

Für diese Aufgabe benötigst du:

AB 1 oder 2

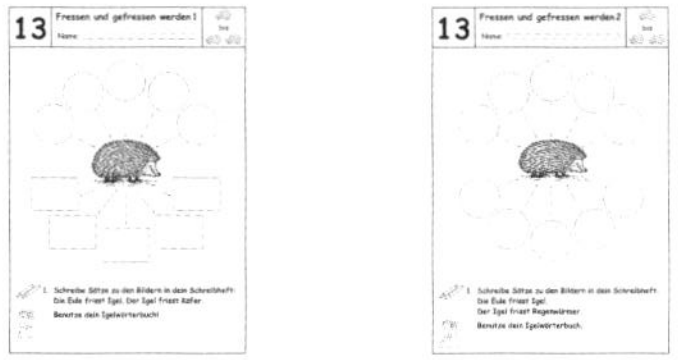

Ausschneidebogen 1 oder 2

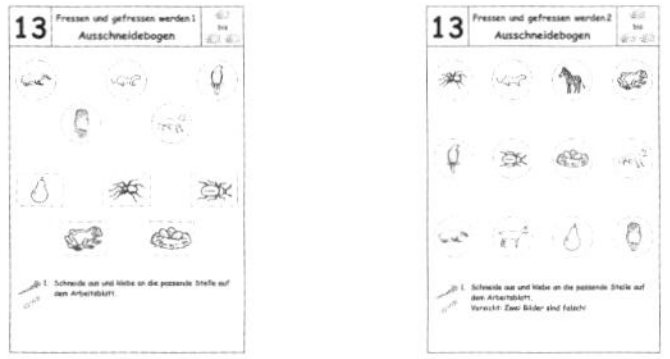

Lösung 1 oder 2

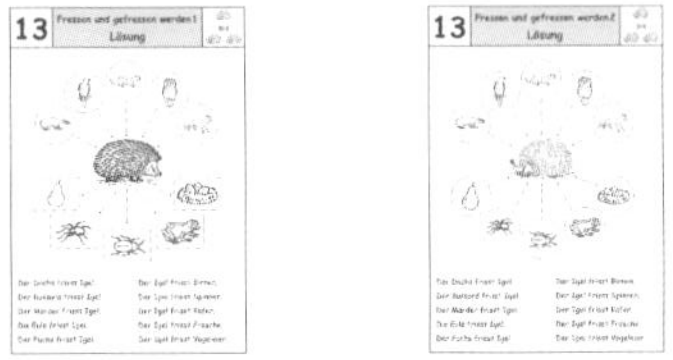

Schere

Kleber

Stift

Igelwörterbuch

13 Fressen und gefressen werden 1

Name:

bis

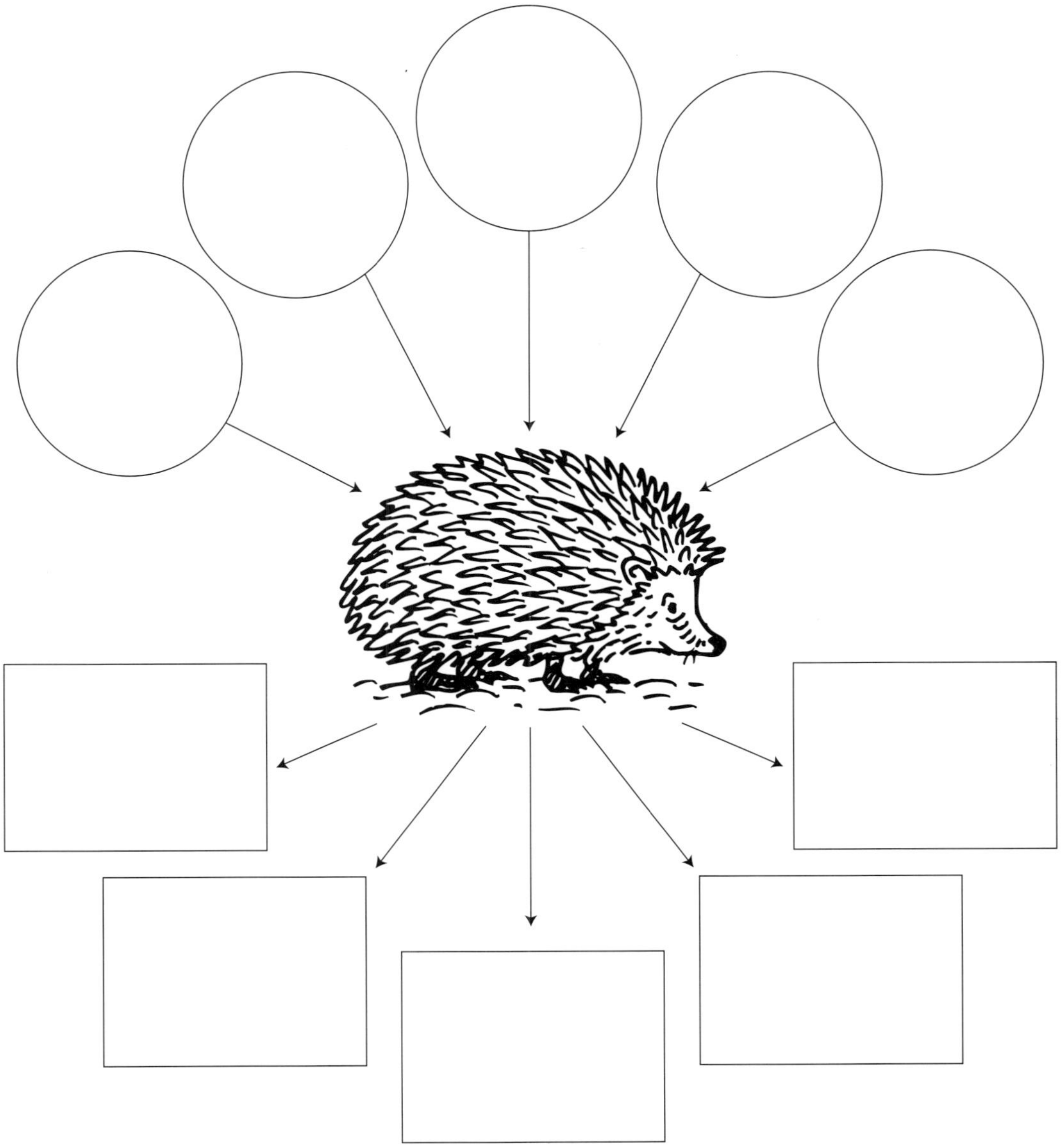

1. **Schreibe Sätze zu den Bildern in dein Schreibheft:**
   Die Eule frisst Igel. Der Igel frisst Käfer.

Benutze dein Igelwörterbuch!

13

Fressen und gefressen werden 1
Ausschneidebogen

bis

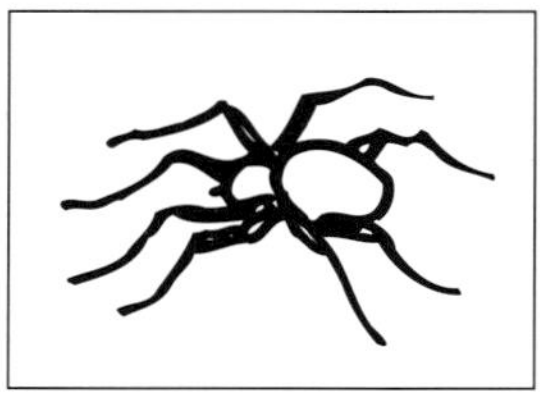
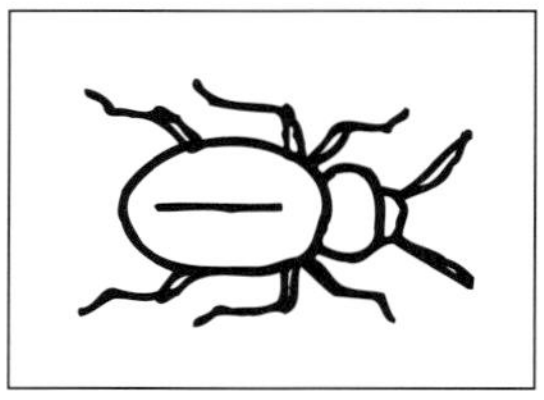

1. Schneide aus und klebe an die passende Stelle auf dem Arbeitsblatt.

13 Fressen und gefressen werden 1
Lösung

bis

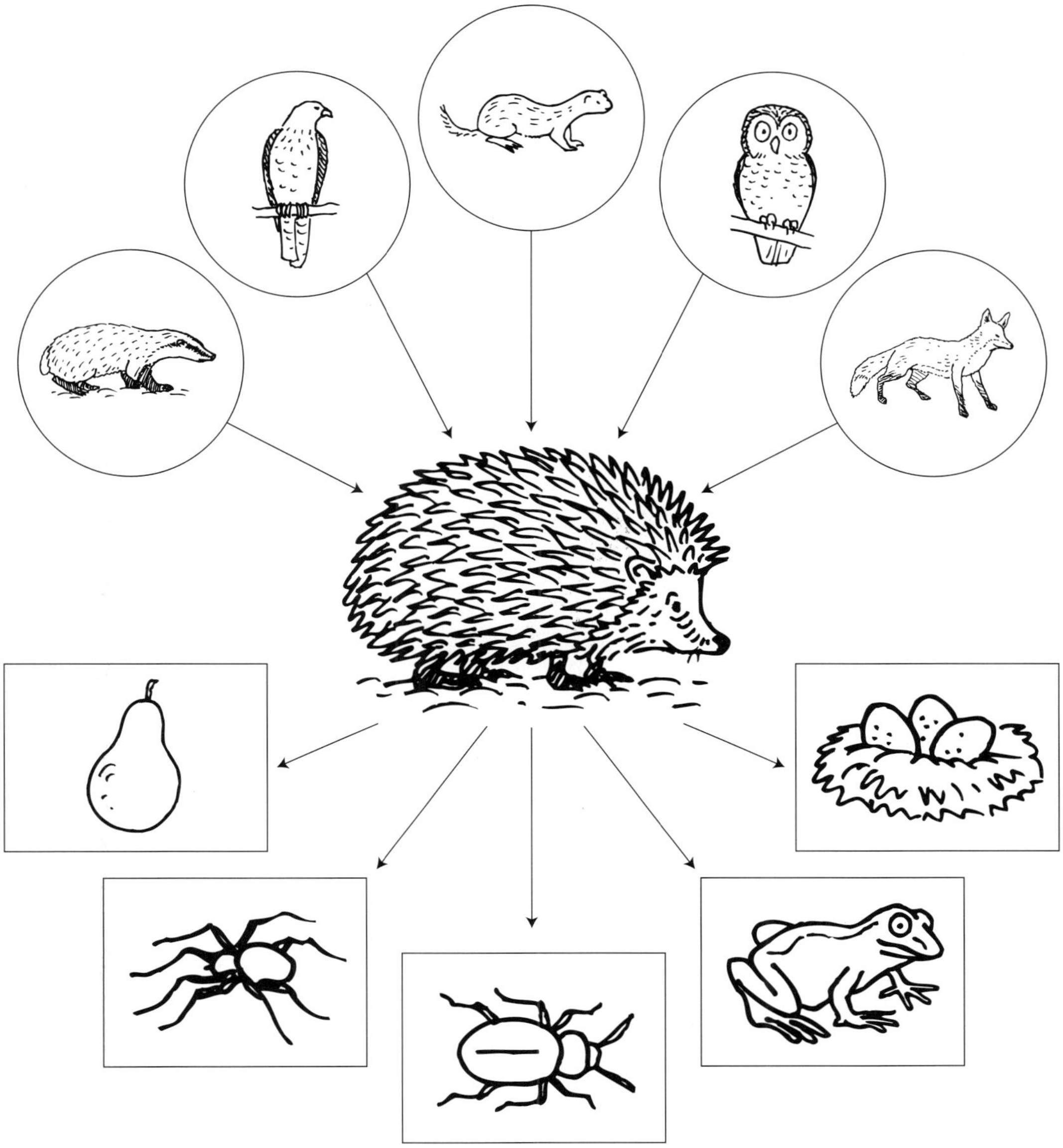

Der Dachs frisst Igel.

Der Bussard frisst Igel.

Der Marder frisst Igel.

Die Eule frisst Igel.

Der Fuchs frisst Igel.

Der Igel frisst Birnen.

Der Igel frisst Spinnen.

Der Igel frisst Käfer.

Der Igel frisst Frösche.

Der Igel frisst Vogeleier.

13 Fressen und gefressen werden 2

Name: ______________________

bis

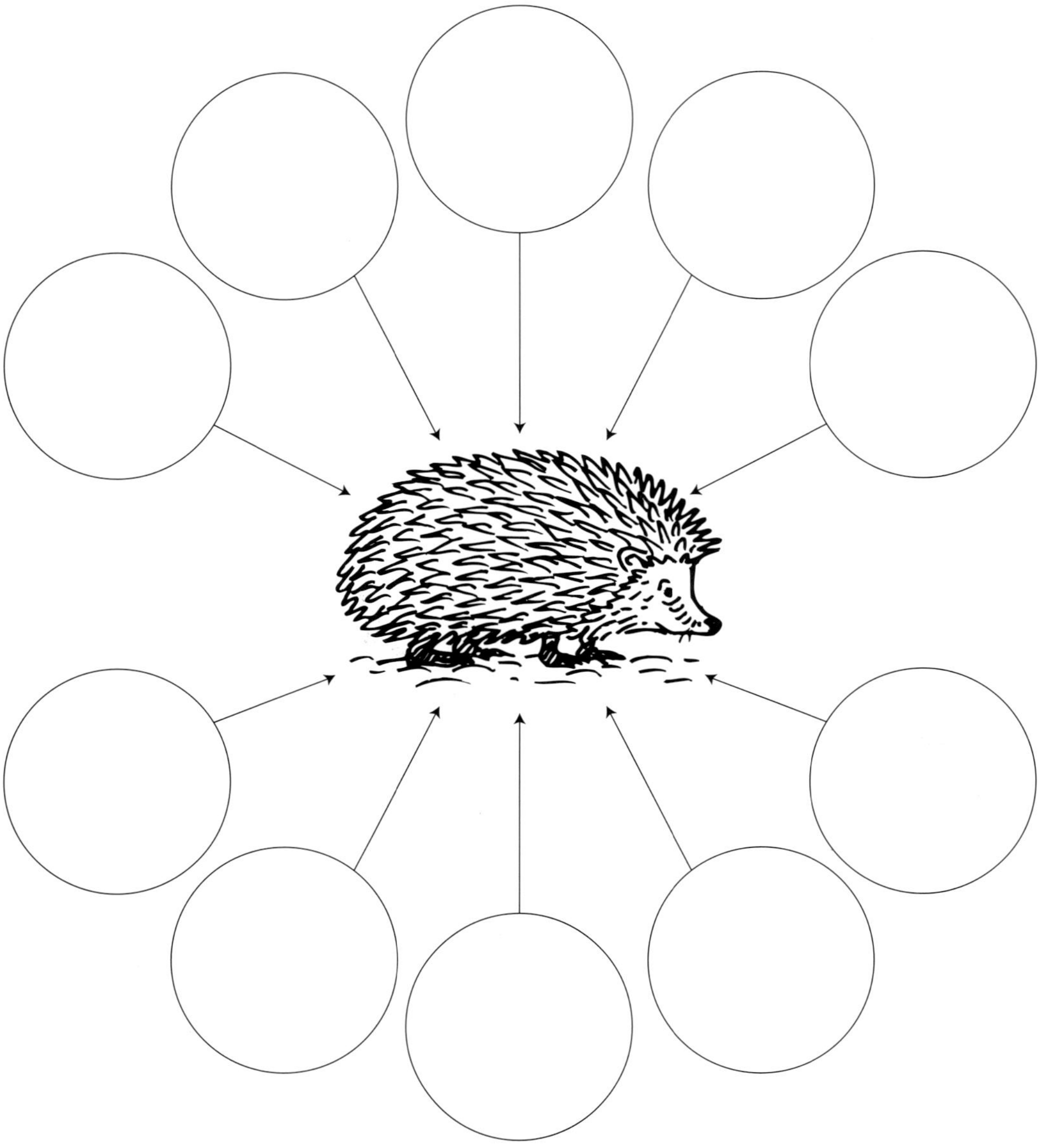

1. Schreibe Sätze zu den Bildern in dein Schreibheft:
   Die Eule frisst Igel.
   Der Igel frisst Regenwürmer.

Benutze dein Igelwörterbuch.

13	Fressen und gefressen werden 2 **Ausschneidebogen**	 bis 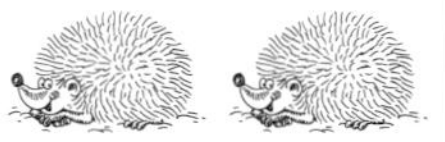

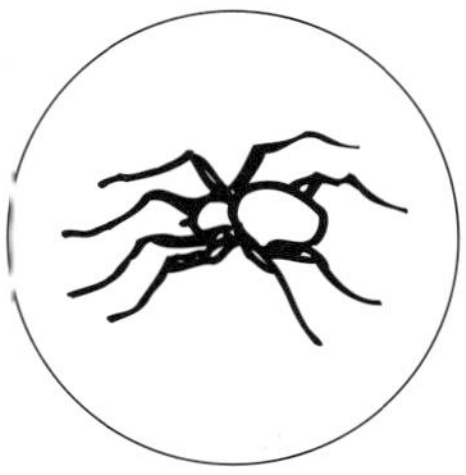

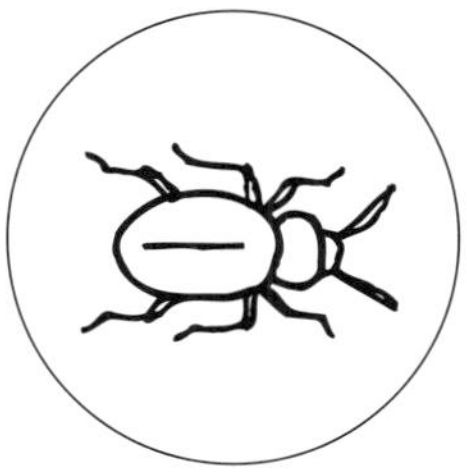

1. Schneide aus und klebe an die passende Stelle auf dem Arbeitsblatt.
   Vorsicht: Zwei Bilder sind falsch!

13	Fressen und gefressen werden 2 Lösung	 bis 

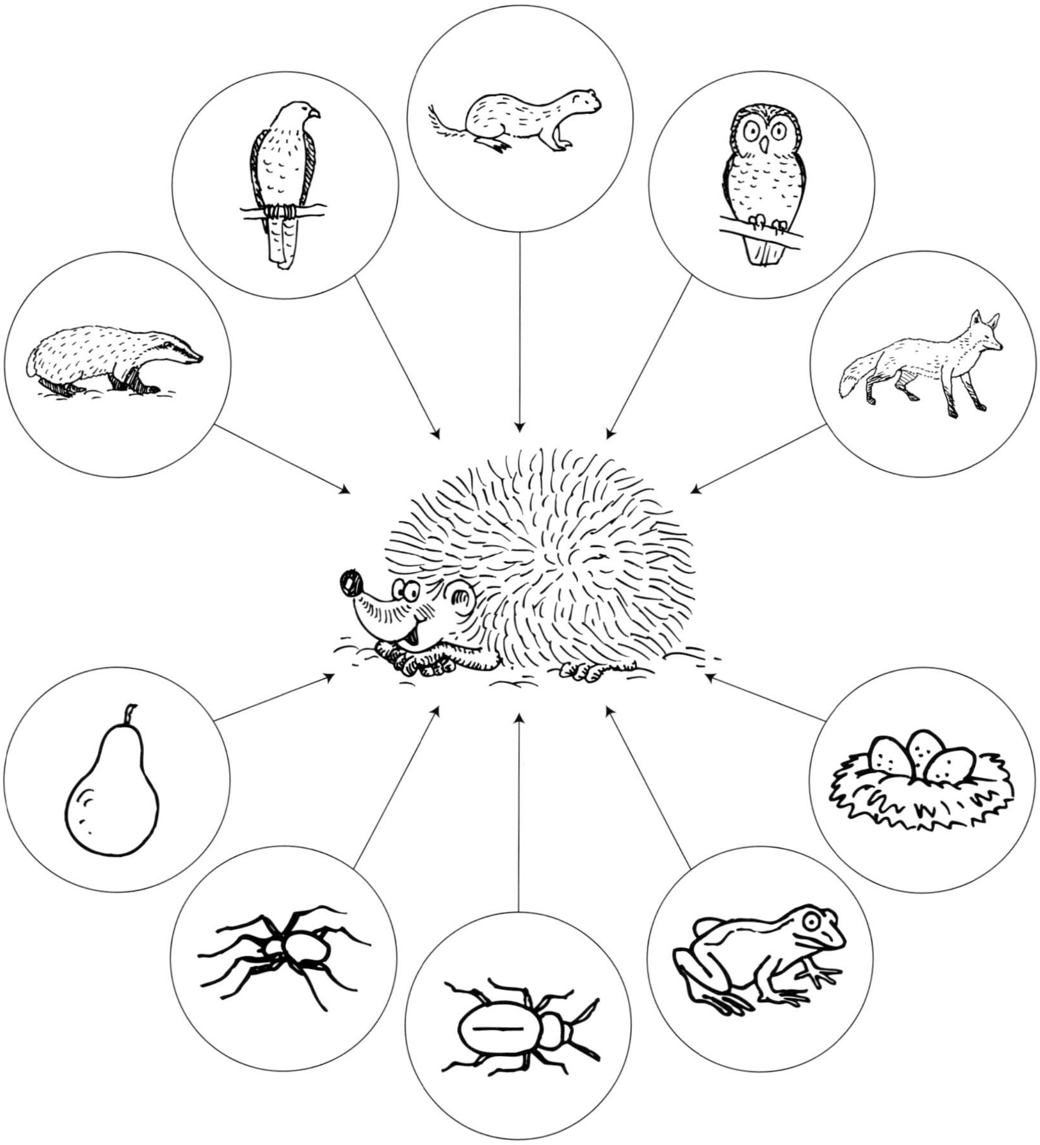

Der Dachs frisst Igel.

Der Bussard frisst Igel.

Der Marder frisst Igel.

Die Eule frisst Igel.

Der Fuchs frisst Igel.

Der Igel frisst Birnen.

Der Igel frisst Spinnen.

Der Igel frisst Käfer.

Der Igel frisst Frösche.

Der Igel frisst Vogeleier.

14

Igelrätsel

Deine Aufgabe:

Löse das Igelrätsel.
Eine Hilfe ist die Hundertertafel.

Für diese Aufgabe benötigst du:

AB

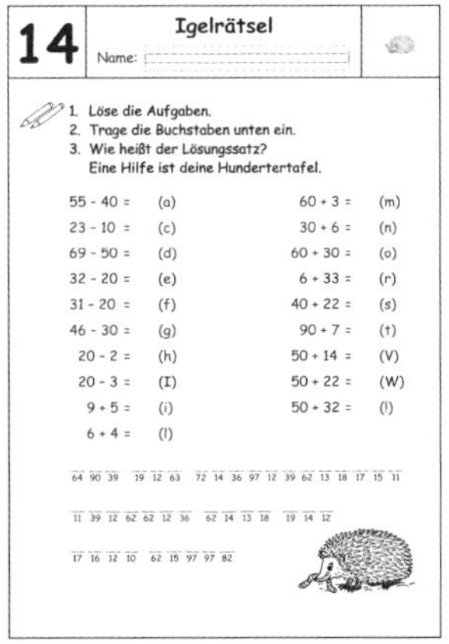

14 Igelrätsel

Name:

1. Löse die Aufgaben.
2. Trage die Buchstaben unten ein.
3. Wie heißt der Lösungssatz?
Eine Hilfe ist deine Hundertertafel.

55 - 40 =	(a)	60 + 3 =	(m)
23 - 10 =	(c)	30 + 6 =	(n)
69 - 50 =	(d)	60 + 30 =	(o)
32 - 20 =	(e)	6 + 33 =	(r)
31 - 20 =	(f)	40 + 22 =	(s)
46 - 30 =	(g)	90 + 7 =	(t)
20 - 2 =	(h)	50 + 14 =	(V)
20 - 3 =	(I)	50 + 22 =	(W)
9 + 5 =	(i)	50 + 32 =	(!)
6 + 4 =	(l)		

64 90 39 19 12 63 72 14 36 97 12 39 62 13 18 17 15 11

11 39 12 62 62 12 36 62 14 13 18 19 14 12

17 16 12 10 62 15 97 97 82

Hundertertafel

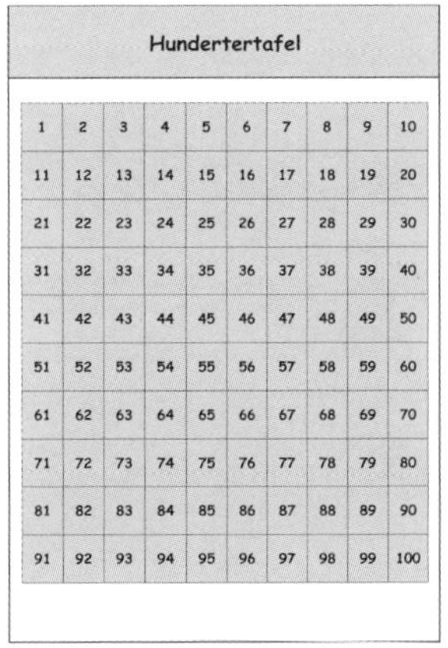

Hundertertafel

1	2	3	4	5	6	7	8	9	10
11	12	13	14	15	16	17	18	19	20
21	22	23	24	25	26	27	28	29	30
31	32	33	34	35	36	37	38	39	40
41	42	43	44	45	46	47	48	49	50
51	52	53	54	55	56	57	58	59	60
61	62	63	64	65	66	67	68	69	70
71	72	73	74	75	76	77	78	79	80
81	82	83	84	85	86	87	88	89	90
91	92	93	94	95	96	97	98	99	100

Stift

Lösung

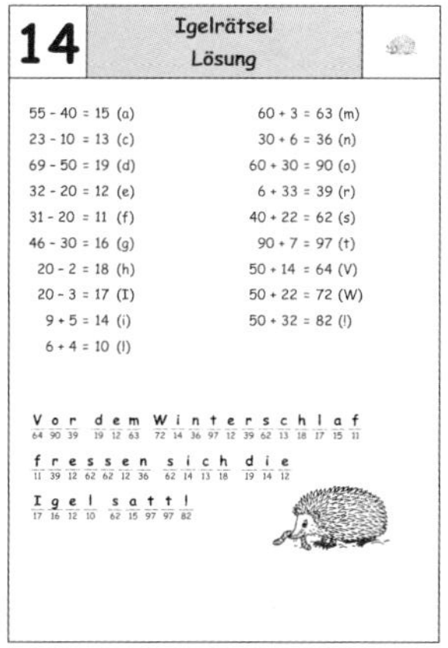

14 Igelrätsel Lösung

55 - 40 = 15 (a)	60 + 3 = 63 (m)
23 - 10 = 13 (c)	30 + 6 = 36 (n)
69 - 50 = 19 (d)	60 + 30 = 90 (o)
32 - 20 = 12 (e)	6 + 33 = 39 (r)
31 - 20 = 11 (f)	40 + 22 = 62 (s)
46 - 30 = 16 (g)	90 + 7 = 97 (t)
20 - 2 = 18 (h)	50 + 14 = 64 (V)
20 - 3 = 17 (I)	50 + 22 = 72 (W)
9 + 5 = 14 (i)	50 + 32 = 82 (!)
6 + 4 = 10 (l)	

V o r d e m W i n t e r s c h l a f
64 90 39 19 12 63 72 14 36 97 12 39 62 13 18 17 15 11

f r e s s e n s i c h d i e
11 39 12 62 62 12 36 62 14 13 18 19 14 12

I g e l s a t t !
17 16 12 10 62 15 97 97 82

14

Igelrätsel

Name: ______________________

1. Löse die Aufgaben.
2. Trage die Buchstaben unten ein.
3. Wie heißt der Lösungssatz?
   Eine Hilfe ist deine Hundertertafel.

55 - 40 =	(a)	60 + 3 =	(m)
23 - 10 =	(c)	30 + 6 =	(n)
69 - 50 =	(d)	60 + 30 =	(o)
32 - 20 =	(e)	6 + 33 =	(r)
31 - 20 =	(f)	40 + 22 =	(s)
46 - 30 =	(g)	90 + 7 =	(t)
20 - 2 =	(h)	50 + 14 =	(V)
20 - 3 =	(I)	50 + 22 =	(W)
9 + 5 =	(i)	50 + 32 =	(!)
6 + 4 =	(l)		

64 90 39   19 12 63   72 14 36 97 12 39 62 13 18 17 15 11

11 39 12 62 62 12 36   62 14 13 18   19 14 12

17 16 12 10   62 15 97 97 82

14 Igelrätsel
Lösung

55 - 40 = 15 (a)

23 - 10 = 13 (c)

69 - 50 = 19 (d)

32 - 20 = 12 (e)

31 - 20 = 11 (f)

46 - 30 = 16 (g)

20 - 2 = 18 (h)

20 - 3 = 17 (I)

9 + 5 = 14 (i)

6 + 4 = 10 (l)

60 + 3 = 63 (m)

30 + 6 = 36 (n)

60 + 30 = 90 (o)

6 + 33 = 39 (r)

40 + 22 = 62 (s)

90 + 7 = 97 (t)

50 + 14 = 64 (V)

50 + 22 = 72 (W)

50 + 32 = 82 (!)

V	o	r		d	e	m		W	i	n	t	e	r	s	c	h	l	a	f
64	90	39		19	12	63		72	14	36	97	12	39	62	13	18	17	15	11

f	r	e	s	s	e	n		s	i	c	h		d	i	e
11	39	12	62	62	12	36		62	14	13	18		19	14	12

I	g	e	l		s	a	t	t	!
17	16	12	10		62	15	97	97	82

Hundertertafel

1	2	3	4	5	6	7	8	9	10
11	12	13	14	15	16	17	18	19	20
21	22	23	24	25	26	27	28	29	30
31	32	33	34	35	36	37	38	39	40
41	42	43	44	45	46	47	48	49	50
51	52	53	54	55	56	57	58	59	60
61	62	63	64	65	66	67	68	69	70
71	72	73	74	75	76	77	78	79	80
81	82	83	84	85	86	87	88	89	90
91	92	93	94	95	96	97	98	99	100

15

Der Igel träumt ...

Deine Aufgabe:

Schreibe eine Geschichte: Was träumt der Igel?
Eine Hilfe ist dein Igelwörterbuch.

Für diese Aufgabe benötigst du:

AB

Stift

Igelwörterbuch

15 Der Igel träumt

Name:

bis

1. Was träumt der Igel?
   Schreibe seinen Traum auf.

Der Herbst ist da. Satt gefressen legt sich der Igel in seinen Laubhaufen. Dort ist es weich und kuschelig. Der Igel träumt ...

16

Verstecke des Igels

bis

Deine Aufgabe:

1. Schau dir die Verstecke des Igels auf dem AB genau an.
   Was siehst du?
2. Schreibe eigene Texte unter die Bilder oder ordne die Texte zu.

Für diese Aufgabe benötigst du:

AB

16 Verstecke des Igels
Name:
bis

1. Schau dir die Verstecke der Igel genau an.
2. Schreibe eigene Texte unter die Bilder oder ordne die Texte zu.

Reisig sollte man auf einem Haufen liegen lassen. Der Igel findet dort ein gutes Versteck.	Die Hohlräume zwischen den Wurzeln alter Bäume sind wetterfeste Verstecke.
Unter der Kompostkiste gibt es Hohlräume. Dort können sich Igel verstecken und Nahrung finden.	Ein Brett lehnt so am Haus, dass der Igel dort Schutz findet.

Stift

Lösung

16 Verstecke des Igels
Lösung
bis

Ein Brett lehnt so am Haus, dass der Igel dort Schutz findet.

Die Hohlräume zwischen den Wurzeln alter Bäume sind wetterfeste Verstecke.

Unter der Kompostkiste gibt es Hohlräume. Dort können sich Igel verstecken und Nahrung finden.

Reisig sollte man auf einem Haufen liegen lassen. Der Igel findet dort ein gutes Versteck.

16 Verstecke des Igels

Name:

1. Schau dir die Verstecke der Igel genau an.
2. Schreibe eigene Texte unter die Bilder oder ordne die Texte zu.

Reisig sollte man auf einem Haufen liegen lassen. Der Igel findet dort ein gutes Versteck.	Die Hohlräume zwischen den Wurzeln alter Bäume sind wetterfeste Verstecke.
Unter der Kompostkiste gibt es Hohlräume. Dort können sich Igel verstecken und Nahrung finden.	Ein Brett lehnt so am Haus, dass der Igel dort Schutz findet.

16

Verstecke des Igels
Lösung

bis

Ein Brett lehnt so am Haus, dass der Igel dort Schutz findet.

Die Hohlräume zwischen den Wurzeln alter Bäume sind wetterfeste Verstecke.

Unter der Kompostkiste gibt es Hohlräume. Dort können sich Igel verstecken und Nahrung finden.

Reisig sollte man auf einem Haufen liegen lassen.
Der Igel findet dort ein gutes Versteck.

17

Gefahren für den Igel

Deine Aufgabe:

1. Was kann hier gefährlich werden?
   Sprich mit deinem Partner darüber.
2. Schreibe die Antworten unter die Bilder.

Für diese Aufgabe benötigst du:

AB

17 Gefahren für den Igel
Name:

1. Was kann hier gefährlich werden?
   Sprich mit deinem Partner darüber.
2. Schreibe die Antwort unter die Bilder.

Stift

Lösung

17 Gefahren für den Igel
Lösung

Der Igel rollt sich mitten auf der Straße zusammen, anstatt schnell wegzulaufen. Wenn das Auto schnell fährt, sieht der Fahrer den Igel vielleicht nicht rechtzeitig.

Der Igel bemerkt das Feuer und rollt sich – wie immer bei Gefahr – zusammen. Doch seine Stacheln schützen ihn nicht vor den Flammen.

Der Igel rollt sich im hohen Gras zusammen, weil er sich vor dem Rasenmäher schützen möchte. Seine Stacheln können ihn aber nicht vor dem Messer des Rasenmähers schützen.

Der Igel ist in eine Baugrube mit sehr steilen Wänden gefallen. Er kann die Wand nicht senkrecht hinaufklettern und sich auch keinen Tunnel graben.

17 Gefahren für den Igel

Name:

1. Was kann hier gefährlich werden?
   Sprich mit deinem Partner darüber.
2. Schreibe die Antwort unter die Bilder.

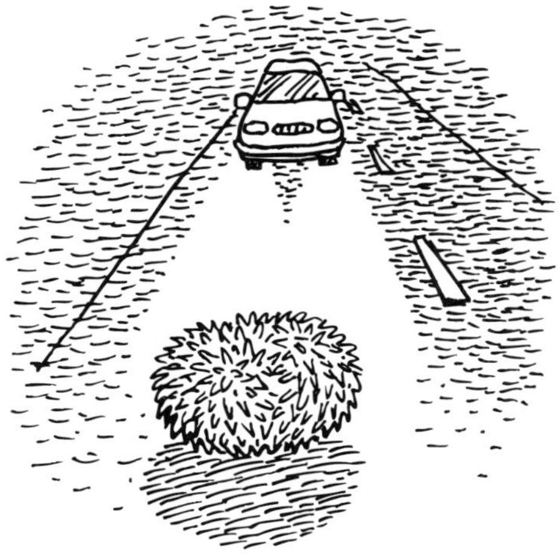

17	**Gefahren für den Igel** **Lösung**	

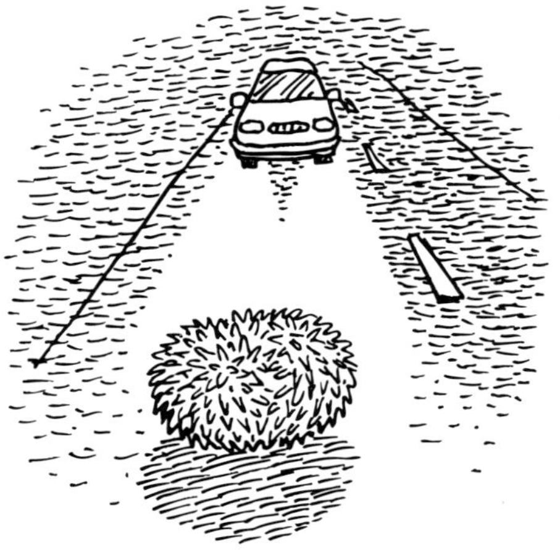

Der Igel rollt sich mitten auf der Straße zusammen, anstatt schnell wegzulaufen. Wenn das Auto schnell fährt, sieht der Fahrer den Igel vielleicht nicht rechtzeitig.

Der Igel bemerkt das Feuer und rollt sich – wie immer bei Gefahr – zusammen. Doch seine Stacheln schützen ihn nicht vor den Flammen.

Der Igel rollt sich im hohen Gras zusammen, weil er sich vor dem Rasenmäher schützen möchte. Seine Stacheln können ihn aber nicht vor dem Messer des Rasenmähers schützen.

Der Igel ist in eine Baugrube mit sehr steilen Wänden gefallen. Er kann die Wand nicht senkrecht hinaufklettern und sich auch keinen Tunnel graben.

18 Igelgedicht

Deine Aufgabe:

Lies das Gedicht und male ein Bild dazu.

Für diese Aufgabe benötigst du:

AB

18 Igelgedicht

Name:

1. Lies das Gedicht.
2. Male ein passendes Bild.

O Kind, spricht der Igel,
wie komm' ich geschwind
auf eine Insel,
wo die vielen schlimmen
Autos nicht sind?

Josef Guggenmos

Zuckerkreide

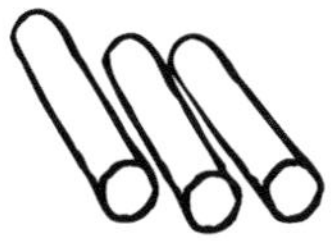

schwarzen Tonkarton

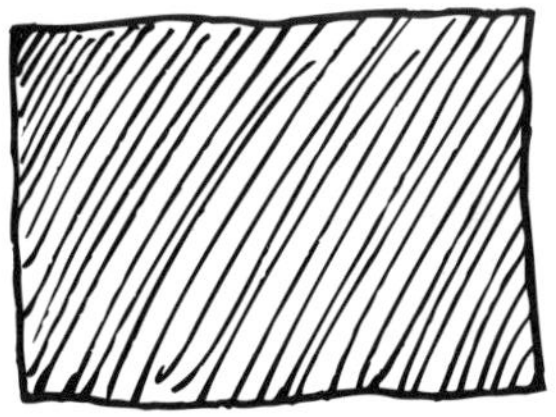

18

Igelgedicht

Name: ____________________

1. Lies das Gedicht.
2. Male ein passendes Bild.

O Kind, spricht der Igel,
wie komm' ich geschwind
auf eine Insel,
wo die vielen schlimmen
Autos nicht sind?

Josef Guggenmos

19

Die Welt des Igels

Deine Aufgabe:

Lies dir die Aufgaben gut durch.
Löse sie und vergleiche mit der Lösung.

Für diese Aufgabe benötigst du:

AB

19 Die Welt des Igels
Name:

1. Eins von den Tieren lebt nicht mit den anderen zusammen. Kreise es ein!

Eule, Reh, Bussard, Fuchs, Dachs, Eichhörnchen, Löwe, Hase, Igel

2. Begründe deine Wahl.

3. Beschrifte mit dem Namen der Tiere.

Igel, Reh, Eichhörnchen, Rabe, Maulwurf

4. Welche Tierspuren ähneln sich?

Stift

Lösung

19 Die Welt des Igels
Lösung

2. Welches Tier lebt nicht mit den anderen zusammen?
Der Löwe ist eine Raubkatze aus Afrika. Die anderen Tiere leben hier bei uns in den Wäldern, Wiesen und Feldern. Manchmal kann man sie auch im Garten sehen.

3. Beschrifte mit dem Namen der Tiere.

Igel, Reh, Eichhörnchen, Krähe, Maulwurf

4. Welche Tierspuren ähneln sich?
Die Tierspuren von Igel, Eichhörnchen und Maulwurf ähneln sich: Diese Tiere haben alle fünf Zehen.

19 Die Welt des Igels

Name:

bis

1. **Eins von den Tieren lebt nicht mit den anderen zusammen. Kreise es ein!**

Eule

Reh

Bussard

Fuchs

Dachs

Eichhörnchen

Löwe

Hase

Igel

2. **Begründe deine Wahl.**

3. **Beschrifte mit dem Namen der Tiere.**

Igel

Reh

Eichhörnchen

Rabe

Maulwurf

4. **Welche Tierspuren ähneln sich?**

19 Die Welt des Igels
Lösung

bis

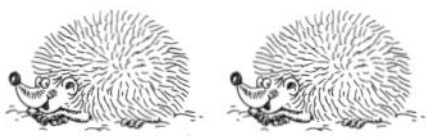

2. Welches Tier lebt nicht mit den anderen zusammen?

Der Löwe ist eine Raubkatze aus Afrika. Die anderen Tiere leben hier bei uns in den Wäldern, Wiesen und Feldern. Manchmal kann man sie auch im Garten sehen.

3. Beschrifte mit dem Namen der Tiere.

Igel

Reh

Eichhörnchen

Krähe

Maulwurf

4. Welche Tierspuren ähneln sich?

Die Tierspuren von Igel, Eichhörnchen und Maulwurf ähneln sich: Diese Tiere haben alle fünf Zehen.

20

Igelige Herbstgeschichte

Deine Aufgabe:

1. Erzähle deinem Partner eine Geschichte über den Igel.
2. Schreibe die Geschichte auf das Arbeitsblatt.
3. Male ein passendes Bild.

Für diese Aufgabe benötigst du:

AB

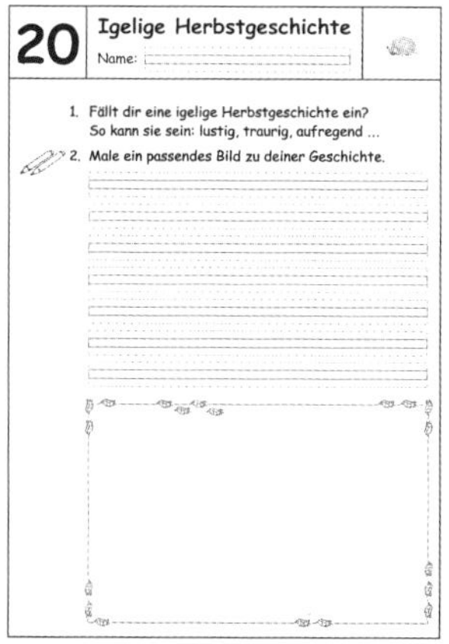

20 Igelige Herbstgeschichte

Name:

1. Fällt dir eine igelige Herbstgeschichte ein?
So kann sie sein: lustig, traurig, aufregend ...
2. Male ein passendes Bild zu deiner Geschichte.

Stift

20

Igelige Herbstgeschichte

Name:

1. Fällt dir eine igelige Herbstgeschichte ein?
   So kann sie sein: lustig, traurig, aufregend ...
2. Male ein passendes Bild zu deiner Geschichte.